Conversando com Deus

Conversando com Deus

UM DIÁLOGO SOBRE
OS MAIORES PROBLEMAS
QUE AFLIGEM A HUMANIDADE

Livro I

Neale Donald Walsch

TRADUÇÃO DE
Clara Fernandes

AGIR

Do original
Conversations with God — Book 1

Publicado mediante acordo com G.P. Putnam's Sons,
uma divisão da The Putnam Berkeley Group, Inc.

Capa
Douglas Lucas

Foto da capa
Sheri Bigelow

Revisão
Taís Facina
Soraya Araujo

Produção editorial
Paulo Cesar Veiga

CIP-Brasil. Catalogação-na-fonte. Sindicato Nacional dos Editores de Livros, RJ.

W19c Walsch, Neale Donald
v.1 Conversando com Deus, livro I: um diálogo sobre os maiores problemas que afligem a humanidade / Neale Donald Walsch; tradução de Clara Fernandes. — Rio de Janeiro: Agir, 2008.

Tradução de: Conversations with God, book I
ISBN 978-85-220-1370-8

1. Deus. 2. Vida espiritual. 3. Diálogos imaginários. I. Título.

CDD: 291.4
08-4182 CDU: 2-41

Agir Editora Ltda. — Uma empresa do Grupo Ediouro Publicações Ltda.
Rua Nova Jerusalém, 345 — CEP 21042-235 — Bonsucesso — Rio de Janeiro — RJ
Tel.: (21) 3882-8200 — Fax: (21) 3882-8212/8313

Para

ANNE M. WALSCH

Que não só me ensinou que Deus existe,
como me fez ver a maravilhosa verdade
de que Ele é o meu melhor amigo;
e que foi muito mais do que mãe,
fazendo nascer *em* mim
uma busca e um amor por Deus,
e tudo isso é bom.
Minha mãe foi
meu primeiro encontro
com um anjo.

E para

ALEX M. WALSCH

Que me disse durante toda a minha vida,
"É fácil",
"Você não tem de aceitar Não como resposta",
"Mude a sua própria sorte",
e
"Há mais no lugar de onde ela veio."
Meu pai foi minha
primeira experiência de coragem.

Agradecimentos

Em primeiro lugar e sempre, quero agradecer à Fonte de tudo que está neste livro, tudo que é vida — e da própria vida.

Em segundo, aos meus mestres espirituais, que incluem os santos e sábios de todas as religiões.

Em terceiro, está claro para mim que todos nós poderíamos fazer uma lista das pessoas que exerceram influência em nossas vidas de modos tão significativos e profundos que são indescritíveis; partilharam conosco sua sabedoria, contaram-nos as suas verdades, suportaram nossas falhas e fraquezas com uma paciência infinita e nos enxergaram através delas, vendo o melhor. Pessoas que, em sua aceitação de nós, assim como em sua *recusa* em aceitar as partes de nós que sabiam que não tínhamos escolhido, fizeram-nos crescer; ficar de algum modo *maiores*.

Além de meus pais, as pessoas que me apoiaram desse modo incluem Samantha Gorski, Tara-Jenelle Walsch, Wayne Davis, Bryan Walsch, Martha Wright, o falecido Ben Wills Jr., Roland Chambers, Dan Higgs, C. Berry Carter II, Ellen Moyer, Anne Blackwell, Dawn Dancing Free, Ed Keller, Lyman W. (Bill) Griswold, Elisabeth Kübler-Ross e o meu querido Terry Cole-Whittaker.

Desejo incluir nesse grupo minhas antigas companheiras. Omito seus nomes aqui para preservar a sua privacidade, mas suas contribuições para a minha vida foram profundas e muito apreciadas.

E sentindo muita gratidão por tudo o que essas pessoas fizeram por mim, fico especialmente comovido quando penso em minha esposa, parceira e assistente, Nancy Fleming Walsch, uma mulher de extraordinária sabedoria, compaixão e amor, que me mostrou que minhas idéias mais nobres sobre os relacionamentos humanos não têm de ficar no plano das fantasias, mas podem tornar-se sonhos realizados.

Em quarto, quero mencionar algumas pessoas que não conheci, mas cujas vidas e obras tiveram tamanho impacto sobre meu modo de pensar que não posso deixar passar esta oportunidade sem agradecer-lhes do fundo de minha alma pelos momentos de grande prazer, pelos *insights* da condição humana e pelo puro e simples *lifegefeelkin** (eu inventei essa palavra!) que me proporcionaram.

Vocês sabem como é quando alguém lhe dá uma prova, em um momento glorioso, *da verdade em relação à vida*? Para mim, quase todas essas pessoas foram artistas criativos, porque é a arte que me inspira, é nela que eu me refugio nos momentos de reflexão e em que encontro o que chamamos de Deus em sua expressão mais bela.

Por isso, quero agradecer... a John Denver, cujas canções tocam a minha alma e enchem-na de uma nova esperança em como a vida poderia ser; Richard Bach, cujos escritos afetam a minha vida como se fossem meus, descrevendo grande parte do que tem sido a minha experiência; Barbra Streisand, cujos dons artísticos como diretora, atriz e cantora sempre me comovem, fazendo-me *sentir* e não apenas saber o que é verdadeiro; e o falecido Robert Heinlein, cuja literatura visionária levantou questões e apresentou respostas de modos que ninguém mais ousou ao menos tentar.

* Palavra utilizada pelo autor para se referir à "sensação de estar vivo". (N. da T.)

Introdução

Você está prestes a ter uma experiência extraordinária — conversar com Deus. Sim, sim. Eu sei... isso não é possível. Você provavelmente acha (ou lhe ensinaram) que *isso não é possível*. É claro que podemos falar com Deus, mas não *conversar* com Ele. Quero dizer, Deus não vai responder, certo? Pelo menos, não na forma de uma conversa normal!

Era isso que eu também pensava. Então este livro me aconteceu. Literalmente. Não foi escrito *por* mim, aconteceu *a* mim. E ao lê-lo, acontecerá a você, *porque somos todos levados à verdade para a qual estamos prontos*.

Provavelmente minha vida teria sido muito mais fácil se eu tivesse mantido tudo em segredo. Contudo, não foi por este motivo que aconteceu a mim. E sejam quais forem os inconvenientes que este livro possa causar-me (como ser chamado de blasfemador, impostor ou hipócrita por não ter vivido essas verdades no passado, ou — talvez pior — de santo), não me é possível interromper esse processo agora. E tampouco o desejo. Tive as minhas chances de recuar e não as aproveitei. Decidi fazer o que os meus instintos me diziam, em vez de me preocupar com o que muitas pessoas pensariam sobre o material apresentado aqui.

Meus instintos me dizem que este livro não é absurdo, fruto do excesso de trabalho de uma imaginação espiritual frustrada, ou simplesmente a justificativa pessoal de um homem que conduziu mal a sua vida. Ah, eu avaliei isso tudo! Então dei este material para algumas pessoas lerem, quando ainda era um manuscrito. Elas ficaram comovidas. Choraram. Também riram com a alegria e o humor presentes nele. E disseram que suas vidas mudaram. Elas ficaram paralisadas e então se fortaleceram.

Muitas disseram que foram transformadas.

Foi aí que eu soube que este livro era para todos, e que *tinha* de ser publicado; porque é um presente maravilhoso para aqueles que se interessam em fazer perguntas e realmente querem respostas, que buscam a verdade com o coração sincero, a alma ansiosa e a mente aberta. E esse pode ser o caso de *todos nós*.

Este livro responde a quase todas — se não a todas — as perguntas que já fizemos sobre vida e amor, objetivo e função, pessoas e relacionamentos, bem e mal, culpa e pecado, perdão e redenção, o caminho para Deus e para o inferno... tudo. Discute diretamente sexo, poder, dinheiro, filhos, casamento, divórcio, trabalho, saúde, vida após a morte, vida passada... *tudo*. Analisa a guerra e a paz, o conhecimento e a ignorância, a alegria e a tristeza. Examina o concreto e o abstrato, o visível e o invisível, a verdade e a mentira.

Poder-se-ia dizer que trata-se da "última palavra de Deus sobre as coisas", embora algumas pessoas possam ter um pouco de dificuldade em aceitar isso, particularmente se acharem que Deus parou de falar há dois mil anos ou que, se continuou a falar, foi apenas com santos, curandeiros ou pessoas que meditam há trinta anos, são boas há vinte ou pelo menos um pouco decentes há dez (eu não me incluo em nenhuma das categorias).

A verdade é que Deus fala com todo mundo. Com os bons e os maus, os santos e os canalhas. E certamente com todos nós nos intervalos. Veja você, por exemplo. Deus o procurou de muitos modos em sua vida, e este é apenas outro deles. Quantas vezes ouviu a velha máxima: "Quando o discípulo estiver pronto, o mestre aparecerá?" Este livro é nosso mestre.

Logo depois que este material começou a acontecer-me, eu soube que falava com Deus. Direta e pessoalmente. Incontestavelmente. E que Ele respondia às minhas perguntas em proporção direta à minha capacidade de compreender. Isto é, Deus me respondia de maneiras e com a linguagem que sabia que eu entenderia. Isso explica grande parte do estilo coloquial do livro e as referências ocasionais ao material que obtive de outras fontes e experiências anteriores. Agora sei que tudo que já recebi *veio de Deus*, reunido em uma resposta maravilhosa e completa para *todas as perguntas que já fiz.*

E em algum lugar ao longo do caminho percebi que um livro estava sendo produzido — um livro que devia ser publicado. De fato, foi-me dito especificamente durante a última parte do diálogo (em fevereiro de 1993) que *três* livros seriam produzidos — de domingo de Páscoa a domingo de Páscoa, em três anos consecutivos — e que:

1. O primeiro trataria principalmente de temas pessoais, concentrando-se nos desafios e nas oportunidades da vida de um indivíduo.
2. O segundo trataria de temas globais da vida geopolítica e metafísica no planeta, e dos desafios que o mundo moderno enfrenta.
3. O terceiro trataria de verdades universais da ordem mais elevada, e dos desafios e das oportunidades da alma.

Este é o primeiro desses livros, completado em fevereiro de 1993. Para efeito de clareza, devo explicar que, ao transcrever este diálogo à mão, sublinhei ou circundei palavras e frases que vinham a mim com uma ênfase particular — como se Deus as proferisse em uma voz mais alta. Estas palavras e frases estão destacadas no texto.

Agora preciso dizer que — após ter lido e relido as palavras sábias escritas aqui — estou profundamente envergonhado da minha própria vida, marcada por erros e más ações constantes, alguns comportamentos indignos e algumas escolhas e decisões que sei que outras pessoas consideram ruins e imperdoáveis. Embora sinta um profundo remorso por ter-lhes causado sofrimento, não encontro palavras para dizer o quanto sou grato por tudo o que aprendi. Descobri que *ainda* tenho muito a assimilar, por causa das pessoas que participam da minha vida. Peço desculpas a todos pela lentidão desse aprendizado. Contudo, sou incentivado por Deus a perdoar-me pelas falhas, viver sem medo e culpa e continuar sempre tentando ter uma visão mais ampla.

Sei que é isso que Ele deseja para todos nós.

Neale Donald Walsch
Central Point, Oregon
Natal de 1994

Capítulo 1

Na primavera* de 1992 — lembro-me de que foi perto da Páscoa — um extraordinário fenômeno ocorreu em minha vida. Deus começou a falar com você. Por meu intermédio.

Deixe-me explicar.

Naquela época eu estava muito infeliz, pessoal, profissional e emocionalmente. Minha vida parecia ser um fracasso em todos os níveis. Como durante anos tivera o hábito de colocar os meus pensamentos em cartas (que raramente enviava), peguei o meu bloco amarelo de papel almaço e comecei a transcrever minhas emoções.

Então, em vez de outra carta para outra pessoa que eu imaginava que estava me vitimando, achei que deveria ir direto à fonte; ao maior vitimador de todos. Decidi escrever uma carta para Deus.

Foi uma carta impulsiva, rancorosa, cheia de confusão, distorções e críticas — e um *monte* de perguntas feitas com irritação.

Por que a minha vida não dava certo? O que era preciso fazer para que desse certo? Por que eu não conseguia ser feliz nos relacionamentos? Continuaria sempre tendo problemas financeiros? Por fim — e mais enfaticamente — *O que eu tinha feito para merecer ter uma vida tão difícil*?

* O autor se refere à primavera no hemisfério norte. (N. da R.)

Para minha surpresa, quando escrevia a última das perguntas amargas e irrespondíveis e me preparava para pôr de lado a caneta, minha mão permaneceu fixa sobre o papel, como se mantida ali por uma força invisível. De repente, a caneta começou a *mover-se sozinha*. Eu não tinha a menor noção do que iria escrever, mas uma idéia pareceu surgir, por isso decidi deixá-la vir. E ela veio...

Você realmente deseja uma resposta para todas essas perguntas, ou isso é apenas um desabafo?

Eu pisquei os olhos... e então minha mente deu uma resposta. Eu a escrevi também.

Ambas as coisas. É claro que é um desabafo, mas se essas perguntas têm respostas — com os diabos! — tenho certeza de que quero ouvi-las!

Você se refere aos diabos para afirmar a sua "certeza" em relação a muitas coisas. Não seria melhor referir-se ao Céu?

E eu escrevi:

O que isso quer dizer?

Sem perceber, tinha começado uma conversa... e eu não escrevia como se fosse um *ditado*.

Essa conversa continuou durante três anos e, na época, eu não sabia o que estava acontecendo. As respostas para as perguntas que fazia só me ocorriam depois que eu terminava de transcrevê-las e *expressar os meus pensamentos*. Freqüentemente, vinham mais rápido do que eu podia escrever, e tinha de me apressar para evitar saltos. Quando ficava confuso, ou perdia a sensação de que as palavras vinham de outro lugar, pousava a caneta e interrompia o diálogo até sentir-me novamente inspirado — lamento, mas essa é a única palavra que realmente se encaixa aqui — a voltar ao bloco amarelo de papel almaço e recomeçar a escrever.

Essas conversas ainda são mantidas enquanto escrevo isto. E grande parte delas é encontrada nas páginas a seguir, nas quais há um surpreendente diálogo que a princípio coloquei em dúvida e depois pensei que tinha um valor pessoal. Agora entendo que não se dirigia apenas a mim, mas também a você e a todos os leitores deste livro. Porque minhas perguntas são suas.

Quero que você participe deste diálogo o mais rápido possível, porque o que realmente importa não é a *minha* história, mas a *sua*. Foi a história da *sua* vida que o trouxe aqui. É para a *sua* experiência pessoal que este livro é importante. Caso contrário, você não estaria lendo-o agora.

Então vamos participar do diálogo com uma pergunta que fiz a mim mesmo durante muito tempo: como e com quem Deus fala? Quando a fiz a Ele, eis a resposta que recebi:

Eu falo com todo mundo. O tempo todo. A pergunta não é com quem falo, mas quem ouve?

Intrigado, pedi a Deus para explicar melhor. Ele disse:

Em primeiro lugar, vamos substituir o termo falar *pelo* comunicar. *É muito mais exato e completo. Quando tentamos falar um com o outro — Eu com você, você Comigo —, enfrentamos imediatamente a incrível limitação das palavras. Por esse motivo, não me comunico apenas através de palavras. Na verdade, raramente faço isso. Minha forma mais comum de comunicação é através do* sentimento.

O sentimento é a linguagem da alma.

Se quiser saber o que é verdade para você em relação a alguma coisa, veja como se sente *em relação a ela.*

Às vezes é difícil descobrir os sentimentos — e, com freqüência, ainda mais difícil admiti-los. Contudo, oculta em seus sentimentos mais profundos está a sua maior verdade.

O truque é entrar em contato com esses sentimentos. Eu lhe mostrarei como. Novamente. Se quiser.

Eu disse a Deus que queria, mas que nesse momento preferia uma resposta completa para a minha primeira pergunta. Ele continuou:

Eu também me comunico através do pensamento. Pensamento e sentimentos não são a mesma coisa, embora possam ocorrer ao mesmo tempo. Quando Eu me comunico através do pensamento, freqüentemente uso imagens e figuras. Por isso, os pensamentos são mais eficazes do que as palavras como meios de comunicação.

Além de sentimentos e pensamentos, também uso o veículo da experiência como um importante comunicador.

E finalmente, quando os sentimentos, os pensamentos e a experiência falham, uso palavras. *As palavras são de fato o comunicador menos eficaz. São mais sujeitas a erros de interpretação e compreensão.*

E por que isso ocorre? Devido ao que as palavras são. *As palavras são meramente expressões orais:* ruídos *que* representam *sentimentos, pensamentos e experiência. Símbolos. Não são a Verdade, a coisa real.*

As palavras podem ajudá-lo a entender algo. A experiência lhe permite saber. No entanto, há algumas coisas que você não pode experimentar. Por isso, Eu lhe permiti outros meios de saber. E estes se chamam sentimentos. E também pensamentos.

O mais irônico aqui é que todos vocês têm dado muita importância à Palavra de Deus, e pouca à experiência.

De fato, vocês valorizam tão pouco a experiência que quando a sua experiência de Deus difere do que ouviram sobre Ele, automaticamente a rejeitam *e se fixam nas palavras, quando deveriam fazer o contrário.*

Sua experiência e seus sentimentos em relação a alguma verdade representam o que efetiva e intuitivamente sabem sobre ela. As palavras só podem tentar simbolizar *esse conhecimento, e freqüentemente o* confundem.

Então, esses são os meios pelos quais Eu me comunico; mas não são métodos, porque nem todos os sentimentos e pensamentos, nem todas as experiências e palavras vêm de Mim.

Muitas palavras foram proferidas por outros, em Meu nome. Muitos pensamentos e sentimentos foram provocados por causas que não foram minhas criações diretas. Muitas experiências resultam delas.

O desafio é o discernimento. A dificuldade é saber a diferença entre as mensagens de Deus e os dados de outras fontes. Isso é uma simples questão de aplicar uma regra básica:

O que vem de Mim é sempre seu Pensamento Mais Elevado, sua Palavra Mais Clara, seu Sentimento Mais Nobre. Todo o restante vem de outra fonte.

Agora a diferenciação se torna fácil, porque não deveria ser difícil nem mesmo para o aprendiz identificar o Mais Elevado, o Mais Claro e o Mais Nobre.

Ainda assim, vou dar-lhes estas orientações:

O Pensamento Mais Elevado é sempre aquele que é alegre. A Palavra Mais Clara é sempre aquela que é verdadeira. O Sentimento Mais Nobre é sempre aquele a que chamam de amor.

Alegria, verdade, amor.

Os três são intercambiáveis, e um sempre leva ao outro. Não importa em que ordem isso ocorre.

Com essas orientações é possível determinar quais mensagens são Minhas e quais vêm de outras fontes. A única dúvida que permanece é se as Minhas mensagens serão ouvidas.

Poucas são. Algumas porque parecem boas demais para serem verdade. Outras, porque parecem difíceis demais de seguir. Muitas, porque simplesmente são mal-interpretadas. A maioria, porque não é captada.

Meu mensageiro mais poderoso é a experiência, e até mesmo isso vocês ignoram. Especialmente *isso.*

Seu mundo não estaria nas condições atuais se vocês apenas tivessem prestado atenção às suas experiências. O resultado de não *prestarem atenção a elas é que continuam a repeti-las. Porque o Meu objetivo não deixará de ser atingido e Minha vontade não será ignorada. Vocês* entenderão *a mensagem. Cedo ou tarde.*

Porém, Eu não os forçarei a isso. Nunca. Porque Eu lhes dei o livre-arbítrio — o poder de decidir livremente — e nunca o tirarei de vocês.

E então continuarei a enviar-lhes a mesma mensagem, através dos milênios e a qualquer parte do Universo em que estejam. Eu as enviarei continuamente, até que as recebam, prestem atenção a elas e as considerem suas.

Eu as enviarei em uma centena de formas, em milhares de momentos, durante bilhões de anos. Não poderão deixar de ouvi-las, se realmente prestarem atenção. Não poderão ignorá-las, quando realmente as ouvirem. Dessa forma, nossa comunicação de fato começará. Porque no passado vocês apenas falaram Comigo rezando, pedindo a Minha intervenção, fazendo súplicas. Agora posso responder-lhes, até mesmo da forma como faço aqui.

Como posso saber que essa comunicação é de Deus, que não é fruto da minha própria imaginação?

Qual seria a diferença? *Não percebe que Eu poderia com a mesma facilidade usar a sua imaginação, como qualquer outra coisa? Eu lhe darei a qualquer momento os pensamentos certos, as palavras ou os sentimentos que servem ao objetivo prestes a ser atingido, usando um meio, ou vários.*

Você saberá que essas palavras são Minhas porque, por sua própria conta, nunca falou tão claramente. Se já o tivesse feito, não estaria fazendo perguntas.

Com quem Deus se comunica? Há pessoas e ocasiões especiais?

Todas as pessoas e ocasiões são especiais. Umas não são mais especiais do que outras. Muita gente prefere acreditar que Deus se comunica de modos especiais, apenas com pessoas especiais. Isso tira de muitas delas a responsabilidade de ouvir e ainda mais de captar *(o que é outra coisa) a Minha mensagem, permitindo-lhes aceitar a palavra de outras para tudo. Elas não têm de Me ouvir, porque concluíram que tais pessoas ouviram Minhas opiniões sobre todos os assuntos, e têm a* elas *para dar atenção.*

Mas ouvindo o que outras *pessoas acham que Me ouviram dizer, você não precisa* pensar.

Esse é o principal motivo pelo qual poucos consideram as Minhas mensagens em um nível pessoal. Se você reconhecer que as está recebendo diretamente, *será responsável por interpretá-las. É muito mais fácil e seguro aceitar a interpretação das outras pessoas (até mesmo das que viveram há dois mil anos) do que tentar interpretar a mensagem que você pode estar recebendo neste exato momento.*

Ainda assim, eu o convido a participar de uma nova forma de comunicação com Deus. Uma comunicação bidirecional. Na verdade, foi você quem me convidou. Porque fui a você agora, dessa forma, atendendo a um pedido seu.

Por que algumas pessoas que vêem em Cristo um exemplo, parecem comunicar-se mais com o Senhor do que outras?

Porque desejam de fato ouvir, manter os canais de comunicação abertos, *mesmo quando isso parece assustador, loucura ou totalmente errado.*

Deveríamos ouvir Deus mesmo quando o que está sendo dito parece errado?

Especialmente quando parece errado. Se você achar que está certo em relação a tudo, por que precisaria falar com Deus?

Vá em frente e aja de acordo com tudo que sabe. Mas observe que vocês têm feito isso desde o início dos tempos. E veja como o mundo está. É óbvio que você deixou passar alguma coisa, que há algo que não entende. O que você entende deve parecer-lhe certo, porque "certo" é o termo que usa para designar aquilo com que concorda. Por essa razão, aquilo que você não entende parecerá, em princípio, "errado".

O único modo de evitar isso é perguntar-se: "O que aconteceria se tudo que eu achava 'errado' na verdade estivesse 'certo'?" Todo grande cientista tem conhecimento desse fato. Quando o que um cientista faz não dá certo, ele parte de novas hipóteses e recomeça. Todas as grandes descobertas foram feitas a partir da hipótese de não estar certo. *E é isso que é preciso aqui.*

Você só poderá conhecer Deus quando parar de dizer a si mesmo que já *O conhece. Só poderá ouvir Deus quando parar de achar que já O ouviu.*

Eu só poderei contar-lhe a Minha Verdade quando você parar de contar-Me a sua.

Mas minha verdade sobre Deus vem de *Vós*.

Quem disse isso?

Os outros.

Que outros?

Líderes. Pastores. Rabinos. Padres. Livros. A *Bíblia*, pelo amor de Deus!

Essas fontes não são competentes.

Não?

Não.

Então quais *são*?

Fique atento aos seus sentimentos, *aos seus Pensamentos Mais Elevados e à sua experiência. Sempre que qualquer um deles for diferente do que lhe ensinaram seus mestres, ou do que leu em seus livros, esqueça-se das palavras.* As palavras são a fonte menos confiável da Verdade.

Há tantas coisas que eu quero dizer e perguntar! Não sei por onde começar.

Por exemplo, por que o Senhor não se revela? Se realmente existe um Deus, e o Senhor é Ele, por que não se revela de um modo que todos nós possamos compreender?

Eu tenho feito isso, repetidamente. E estou fazendo de novo agora.

Não. Quero dizer, através de um método de revelação incontestável.

Como?

Como aparecer agora diante de meus olhos.

Estou fazendo isso.

Onde?

Em todos os lugares para onde olhar.

Não, quero dizer de um modo incontestável, que nenhum homem poderia negar.

E qual seria? Sob que forma gostaria que Eu aparecesse?

A forma que o Senhor realmente tem.

Isso seria impossível, porque não tenho uma forma que vocês conheçam. Poderia adotar *uma forma que* seriam capazes de *conhecer, mas então todos presumiriam que o que viram é a única forma de Deus, não uma dentre muitas.*

As pessoas acreditam que Eu sou como elas Me vêem, em vez de como não *vêem. Mas Eu sou o Grande Invisível, não aquilo em que Me transformo em um determinado momento. Em certo sentido, Eu sou aquilo que* não sou. *E é do* não ser *que Eu venho, e para onde sempre retorno.*

Porém, quando Eu assumo uma determinada forma — em que penso que as pessoas podem Me reconhecer — elas Me atribuem essa forma para todo o sempre.

E se Eu aparecesse sob outra forma, para outras pessoas, as primeiras diriam que não apareci para as segundas, porque Minha forma e Minhas palavras não foram as mesmas — então como poderia ter sido Eu?

Portanto, o que importa não é o modo ou a forma como Me revelo — seja qual for o modo e a forma que Eu assumir, não serão incontestáveis.

Mas se o Senhor *fizesse* algo que provasse sem dúvida alguma quem é...

...ainda existiriam aqueles que diriam que era o demônio, ou simplesmente a imaginação de alguém. Ou que a causa era qualquer outra que não Eu.

Se Eu Me revelasse como o Todo-Poderoso, Rei do Céu e da Terra, e movesse montanhas para prová-lo, haveria aqueles que diriam "deve ter sido Satanás".

E é assim que deve ser. Porque Deus não revela a Si Próprio através de observação externa, mas através de experiência interna. Quando a experiência interna revela a Deus, a observação externa não é necessária. E se a observação externa for necessária, a experiência interna não será possível.

Portanto, se a revelação for pedida, não poderá ser obtida, porque o ato de pedir é uma afirmação de que ela não existe; de que nada de Deus está sendo agora revelado. Tal afirmação produz a experiência. Porque o seu pensamento a respeito de algo é criativo, *sua palavra é* produtiva *e seu pensamento e sua palavra juntos produzem de modo muito eficaz a sua realidade. Por isso, sua experiência será a de que* Deus não está sendo agora revelado, *porque se* estivesse, *você não* pediria *a Ele que se revelasse.*

Isso significa que não posso pedir o que desejo? Está dizendo que rezar pedindo algo na verdade *nos impede de consegui-lo*?

Essa é uma pergunta que é feita há séculos — e que sempre foi respondida. Contudo, vocês não ouviram a resposta, ou não acreditaram nela.

A pergunta é respondida novamente, em termos e linguagem atuais, deste modo:

Você não terá aquilo que pedir, e tampouco pode ter tudo que quer. Isso ocorre porque o seu próprio pedido é uma afirmação de carência, e você dizer que deseja algo apenas produz essa experiência — a do desejo — em sua realidade.

Desse modo, a oração correta nunca é de súplica, mas de gratidão.

Quando você agradece a Deus antecipadamente pelo que escolheu experimentar em sua realidade, de fato reconhece que isso está lá... realmente. *Logo, a gratidão é a afirmação mais convincente para Deus; uma afirmação de que mesmo antes de você pedir, Eu atendi o seu pedido.*

Então, nunca suplique. Agradeça.

Mas se eu agradecer antecipadamente a Deus por alguma coisa, e ela nunca acontecer? Isso poderia levar a desilusão e amargura.

A gratidão não pode ser usada como um meio de manipular *Deus: de* enganar *o Universo. Você não pode mentir para si mesmo. Sua mente conhece a sinceridade de seus pensamentos. Se você disser "obrigado, Senhor, por tais e tais dádivas", e o tempo todo estiver muito claro em sua mente que essas dádivas não* existem *em sua realidade atual, não poderá esperar que Deus veja isso* menos claro *do que você, e o produza para você.*

Deus sabe o que você sabe, e o que você sabe é o que aparece como sua realidade.

Mas então, como posso ser sinceramente grato por algo que *sei que não tenho*?

Fé. Se tiver apenas a fé de uma semente de mostarda, moverá montanhas. Você passa a saber que tem, porque Eu disse *isso; porque Eu* disse *que, antes mesmo de você pedir, Eu lhe darei; porque Eu* disse *de todos os modos possíveis, através de todos os mestres que conhece, que tudo que escolher, escolhendo em Meu Nome, terá.*

Mas muitas pessoas dizem que suas preces não foram atendidas.

Nenhuma prece — e uma prece não é nada mais do que uma afirmação fervorosa do que é a realidade — deixa de ser atendida. Todas as preces e afirmações, e todos os pensamentos e sentimentos, são criativos. Até o ponto em que forem tidos fervorosamente como verdadeiros se manifestarão em sua experiência.

Quando é dito que uma prece não foi atendida, o que de fato aconteceu foi que o pensamento, a palavra ou o sentimento mais fervoroso tornou-se mecânico. *Contudo, o que você precisa saber — e esse é o segredo — é que o pensamento por trás do pensamento — o que poderia ser chamado de Pensamento Responsável — é que sempre é o pensamento controlador.*

Assim sendo, se você suplicar terá muito menos chances de experimentar o que acha que está escolhendo, porque o Pensamento Responsável por trás de todas as súplicas é o de que você não tem agora o que deseja. Esse Pensamento Responsável se torna a sua realidade.

O único Pensamento Responsável que poderia repelir esse pensamento é o baseado na fé em que Deus sempre *atenderá a todos os pedidos. Algumas pessoas têm essa fé, mas são muito poucas.*

O processo da prece se torna muito mais fácil quando, em vez de ter de acreditar que Deus sempre atenderá a todos os pedidos, a pessoa entende intuitivamente que o pedido em si não é necessário. Então a prece é de agradecimento. Não um pedido, mas uma afirmação de gratidão pelo que é verdade.

Quando o Senhor diz que uma prece é uma afirmação do que é verdade, está dizendo que Deus não faz coisa alguma; que tudo que acontece depois de uma prece é o resultado da ação da *prece*?

Se você pensa que Deus é um ser onipotente que ouve todas as preces, diz "sim" para algumas, "não" para outras e "talvez, mas não agora" para o restante, está enganado. Seguindo que regras Ele decidiria?

Se você pensa que Deus é o criador e direcionador de todas as coisas *em sua vida, está enganado.*

Deus é o observador, *não o criador. E Ele está pronto para ajudá-lo a viver, mas não do modo que você poderia esperar.*

Não é função de Deus criar, ou não criar, as situações ou funções de sua vida. *Deus criou* você *à Sua imagem e semelhança.* Você *criou o resto, através do poder que Ele lhe deu. Deus criou o processo da vida e a própria vida como você os conhece. Contudo, deu-lhe o livre-arbítrio para fazer dela o que quiser.*

Neste sentido, seu desejo para si mesmo é o desejo de Deus para você.

Você vive de um determinado modo, e Eu não tenho preferências no que diz respeito a isso.

Essa é a grande ilusão de vocês: que Deus se importa *com o que fazem.*

Eu não *me importo com o que fazem, e é duro ouvir isso. Mas vocês se importam com o que seus filhos fazem quando eles saem para brincar? Importam-se com o fato de brincarem de pique-cola, esconde-esconde ou faz-de-conta? Não, porque sabem que estão totalmente seguros. Vocês os colocaram em um ambiente que consideram bom e bastante adequado.*

É claro que sempre esperarão que eles não se machuquem. *Mas se isso acontecer, estarão lá para ajudá-los, curá-los e fazer com que voltem a se sentir felizes e seguros para brincarem outro dia. Mas também não se importarão com o que eles decidirem brincar no dia seguinte.*

É claro que dirão a seus filhos quais brincadeiras são perigosas. Mas não podem impedir que eles façam coisas perigosas. Não para sempre. Não em todos os momentos, até a morte. Os pais sensatos sabem disso. Contudo, os pais nunca param de importar-se com o resultado. *É essa dicotomia — não se importar muito com o processo, mas se importar muito com o resultado — que chega perto à definição da dicotomia divina.*

Contudo, em certo sentido, Deus não se importa nem mesmo com o resultado. Nem com o resultado final. *Porque este é certo.*

Eis aí a segunda grande ilusão do homem: que o resultado da vida é incerto.

É essa dúvida a respeito do resultado final que criou o seu maior inimigo, o medo. Porque se você duvida do resultado, duvida de Deus — não crê Nele. E se não crê em Deus, viverá para sempre com medo e culpa.

Se duvida das intenções de Deus — da capacidade Dele de produzir esse resultado final — então como poderá relaxar? Como poderá algum dia finalmente encontrar a paz?

No entanto, Deus tem o pleno poder *de combinar as intenções com os resultados. Vocês não conseguem, e nem conseguirão, acreditar nisso (embora afirmem que Deus é Todo-Poderoso), e então criam em sua imaginação um* poder análogo ao de Deus, *para encontrar um modo de a* Vontade Divina ser contrariada. *Até mesmo imaginaram um Deus em guerra com esse ser (achando que Eu resolvo os problemas como vocês fazem). Finalmente, de fato imaginaram que Deus poderia* perder *essa guerra.*

Isso vai contra tudo que vocês dizem saber sobre Deus, mas não importa. Vocês vivem com as suas ilusões, e por isso sentem medo, porque decidiram duvidar de Deus.

Mas e se tomassem uma nova decisão? Qual seria o resultado?

Eu lhes digo: viveriam como Buda. Como Jesus. Como todos os santos que já veneraram.

Entretanto, como ocorreu com a maioria desses santos, as pessoas não os compreenderiam. E quando vocês tentassem explicar a sua sensação de paz, a sua alegria de viver, o seu êxtase interior, elas os escutariam falar, mas não ouviriam as suas palavras. Tentariam repeti-las, mas as distorceriam.

As pessoas se perguntariam como vocês podiam ter o que elas não tinham. E então sentiriam inveja. Logo a inveja se transformaria em raiva, e em sua raiva elas tentariam convencê-los de que eram vocês *que não compreendiam Deus.*

E se não conseguissem estragar a sua alegria, tentariam prejudicá-los, tamanha raiva que sentiriam. E quando vocês lhes dissessem que isso não importava, que nem mesmo a morte poderia tirar a sua alegria, ou mudar a sua verdade, certamente os matariam. *Então, quando vissem a paz com que aceitaram a morte, seriam considerados santos, e amados de novo.*

Porque é típico da natureza humana amar, depois destruir, e então amar novamente o que valorizam mais.

Mas por quê? Por que nós fazemos isso?

Todas as ações humanas são motivadas em seu nível mais profundo por uma entre duas emoções: medo *ou* amor. *Na verdade,* há *apenas duas emoções — apenas duas palavras na linguagem da alma. Esses são os extremos opostos da grande polaridade que Eu criei quando produzi o Universo e o seu mundo, como o conhecem hoje.*

Há dois pontos — o Alfa e o Ômega — que tornam possível a existência do sistema que vocês chamam de "relatividade". Sem os dois pontos, essas duas idéias sobre as coisas, nenhuma outra idéia poderia existir.

Todos os pensamentos e atos humanos se baseiam no amor ou no medo. Não *há outra motivação humana, e todas as outras idéias se originam dessas duas. São simplesmente versões diferentes — variações do mesmo tema.*

Pense bastante sobre isso e perceberá que é verdadeiro. É o que Eu chamei de Pensamento Responsável, um pensamento de amor ou medo. É o primeiro pensamento, por trás *do pensamento — sua força motora. É a energia natural que põe em movimento a máquina da experiência humana.*

E eis aqui como o comportamento produz experiência após experiência. É por isso que os seres humanos amam, depois destroem e então amam novamente: sempre existe a passagem de uma emoção para outra. O amor abona o medo, que abona o amor que abona o medo...

...E o motivo é a primeira mentira — aquela que vocês têm como verdadeira em relação a Deus — a de que não se pode confiar Nele; nem depender do Seu amor; e que a aceitação Dele a seu respeito é condicional; que, portanto, o resultado final é incerto. Porque se vocês não puderem confiar em que o amor de Deus *sempre existirá, no amor de quem poderão confiar? Se Deus os abandonar quando não agirem adequadamente, os simples mortais não farão o mesmo?*

E então sucede que quando vocês juram o seu amor mais sublime, enfrentam o seu maior medo.

Porque a primeira coisa com que se preocupam depois de dizerem "eu o amo" é se ouvirão o mesmo como resposta. E se ouvirem, começarão imediatamente a preocupar-se com a possibilidade de perderem o amor que acabaram de encontrar. E por isso toda ação se torna uma reação — uma defesa contra a perda —, até mesmo quando vocês tentam defender-se contra a perda de Deus.

Contudo, se soubessem Quem São — os seres mais maravilhosos e notáveis que Deus já criou — nunca sentiriam medo. Quem os poderia rejeitar? Nem mesmo Deus encontraria falhas em seres assim.

Mas vocês não sabem Quem São, e se consideram ser muito menos. E de onde tiraram a idéia de que são muito menos do que maravilhosos? Das únicas pessoas cujas palavras aceitariam para tudo: sua mãe e seu pai.

Essas são as pessoas que vocês amam mais. Por que mentiriam? Porém, elas não lhes disseram que é demais isso e não o suficiente aquilo? Não lhes lembraram que devem ser vistos e não ouvidos? Não os repreenderam em alguns de seus momentos de maior exuberância? E não os incentivaram a deixar de lado algumas de suas idéias mais fantásticas?

Essas são as mensagens que vocês receberam, e embora elas não estejam de acordo com as normas e, portanto, não sejam de Deus, poderiam ter sido, porque certamente vieram dos deuses do seu universo.

Foram os seus pais que lhes ensinaram que o amor é condicional — vocês tiveram consciência de suas condições muitas vezes — e é essa a experiência que levam para os seus próprios relacionamentos amorosos.

Também é a experiência que levam para Mim.

A partir dessa experiência, tiram suas conclusões sobre Mim. Dentro dessa estrutura, contam a sua verdade. Dizem: "Deus é amoroso, mas se vocês não cumprirem os Seus Mandamentos, Ele os punirá com o desterro e a condenação eterna."

Vocês já não experimentaram o desterro que lhes foi imposto por seus próprios pais? Não conhecem a dor da sua condenação? Como então poderiam imaginar que fosse diferente Comigo?

Vocês se esqueceram de como é ser amado incondicionalmente. Não se lembram da experiência do amor divino. E por isso tentam imaginar como deve ser o amor de Deus baseado no que sabem sobre o amor no mundo.

Vocês projetaram o papel de "pai" em Deus, e por esse motivo imaginam um Deus que julga, recompensa ou pune, baseado em como Ele se sente em relação ao que fizeram. Mas essa é uma visão simplista de Deus, apoiada em sua mitologia. Não tem nada a ver com Quem Eu Sou.

Tendo assim criado todo um sistema de pensamento sobre Deus fundamentado na experiência humana, em vez de nas verdades espiri-

tuais, vocês imaginam toda uma realidade a respeito do amor. É uma realidade baseada no medo, na idéia de um Deus temível e vingativo. Seu Pensamento Responsável está errado, mas negá-lo seria rejeitar toda a sua teologia. E apesar do fato de que a nova teologia que iria substituí-la seria realmente *a sua salvação, vocês não podem aceitá-la,* porque a idéia de um Deus que não deve ser temido, não julga e não tem motivos para punir é maravilhosa demais para ser aceita dentro de sua crença maior em Quem e O Que Deus é.

Essa realidade do amor que evidencia o medo domina a sua experiência do amor; de fato, permite criá-la. Porque vocês não só se vêem recebendo *um amor que é condicional, como também* dando-o *do mesmo modo. E mesmo quando recuam e impõem as suas condições, uma parte de vocês sabe que não é isso que o amor realmente é. Ainda assim, parecem incapazes de mudar o modo como o dispensam. Vocês aprenderam da maneira mais difícil, e dizem a si mesmos que serão condenados ao sofrimento se forem vulneráveis de novo. Mas a verdade é que o serão se não forem vulneráveis.*

[Devido aos seus próprios pensamentos (errôneos) a respeito do amor, vocês se condenam a nunca experimentá-lo puramente. Por isso, também se condenam a não Me conhecer como realmente Sou. Enquanto não amarem puramente. Porque vocês não conseguirão negar-Me para sempre, e chegará o momento da Nossa Reconciliação.]

Todos os atos realizados pelos seres humanos se baseiam no amor ou no medo, não simplesmente os que dizem respeito aos relacionamentos. As decisões que afetam os negócios, a indústria, a política, a religião, a educação de seus jovens, os compromissos sociais de suas nações, os objetivos econômicos de sua sociedade, as escolhas que envolvem guerra, paz, ataque, defesa, agressão, submissão, as determinações de cobiçar algo ou dar aos outros, guardar ou partilhar, unir ou dividir — todas as escolhas feitas por livre vontade que já fizeram surgem de um dos dois únicos pensamentos possíveis que existem: de amor ou medo.

O medo é a energia que restringe, paralisa, retrai, leva-os a fugir e esconder-se, e fere.

O amor é a energia que expande, move, revela, leva-os a ficar e partilhar, e cura.

O medo cobre os seus corpos de roupas, o amor lhes permite ficar nus. O medo os faz segurar tudo o que têm, o amor dá tudo aos outros. O medo sufoca, o amor mostra afeição. O medo oprime, o amor liberta. O medo irrita, o amor acalma. O medo critica, o amor regenera.

Todos os pensamentos e atos e todas as palavras humanas se baseiam em uma dessas emoções. Vocês não têm escolha em relação a isso, porque nada mais há a optar. Mas têm livre-arbítrio para decidir qual dessas selecionar.

O Senhor faz isso parecer muito fácil, mas no momento de decisão quase sempre o medo vence. Por quê?

Vocês aprenderam a viver com medo. Ouviram falar sobre a sobrevivência do mais hábil, a vitória do mais forte e o sucesso do mais esperto. E por isso tentam ser os mais hábeis, os mais fortes e os mais espertos — de um modo ou outro — e caso se vejam como algo menos do que isso em qualquer situação, temerão a perda, porque lhes disseram que ser menos é ser perdedor.

E então é claro que escolhem a ação que o medo justifica, porque foi isso que aprenderam. Contudo, Eu lhes ensino isto: quando optarem pela ação que o amor justifica, farão mais do que sobreviver, vencer e ser bem-sucedidos. Experimentarão a glória suprema de Quem Realmente São, e quem podem ser.

Para isso, devem deixar de lado os ensinamentos de seus mestres mundanos bem-intencionados, mas mal-informados, e ouvir os ensinamentos daqueles cuja sabedoria vem de outra fonte.

Há muitos mestres assim entre vocês, como sempre houve. Eu não os deixarei sem pessoas que possam orientá-los, mostrar-lhes e ensinar-lhes essas verdades, e lembrá-los delas. Contudo, o maior lembrete não vem de fora, mas da voz dentro de vocês. Esse é o principal meio que Eu uso, porque é o mais acessível.

A voz interior é a mais alta com que Eu falo, porque é a mais perto de vocês. É a voz que lhes diz se tudo o mais *é verdadeiro ou falso, certo ou errado, bom ou ruim, segundo as suas definições. É o radar que determina o curso, governa o navio e indica o caminho, se vocês deixarem.*

É a voz que lhes diz neste exato momento se as próprias palavras que estão lendo são de amor ou medo. Assim poderão determinar se são palavras que devem ser ouvidas ou ignoradas.

Mas o Senhor disse que quando eu sempre escolher a ação que o amor justifica, experimentarei a glória suprema de quem eu sou e posso ser. Por favor, pode explicar melhor?

Há apenas um objetivo para toda a vida: que você e todos os seres vivos experimentem a glória suprema.

Tudo o mais que você diz, pensa ou faz serve a esse objetivo. Não há mais nada para a sua alma fazer e que queira *fazer.*

O maravilhoso neste objetivo é que ele é eterno. O fim é uma limitação, e o objetivo de Deus é ilimitado. Se em algum momento você experimentar a sua glória suprema, nesse instante imaginará uma glória ainda maior a atingir. Quanto mais você é, mais pode tornar-se, e quanto mais você se torna, mais ainda pode ser.

O maior segredo é que a vida não é um processo de descoberta, mas de criação.

Você não está se descobrindo, mas se recriando. Por isso, tente não descobrir Quem É, mas determinar Quem Quer Ser.

Há pessoas que dizem que a vida é uma escola, que estamos aqui para aprender lições específicas, que quando nos "diplomarmos" poderemos ter objetivos mais amplos, não ser mais escravos do corpo. Isso é correto?

É outra parte de sua mitologia, baseada na experiência humana.

A vida não é uma escola?

Não.

Então *por que* estamos aqui?

Para lembrar e recriar Quem São.

Eu lhes disse repetidamente. Vocês não acreditam em Mim. Todavia, isso se justifica, porque de fato, se não criarem a si próprios como Quem São, não poderão ser assim.

Estou confuso. Vamos voltar um pouco a essa escola. Ouvi mestre após mestre dizer que a vida é uma escola. Fico realmente surpreso ao ouvir o Senhor negar isso.

A escola é um lugar para onde você vai se há algo que não sabe e deseja aprender. Não é um lugar para onde vai se já sabe uma coisa e deseja apenas experimentar o seu conhecimento.

A vida (como a chama) é uma oportunidade de você saber experimentalmente *o que já sabe* conceitualmente. *Não precisa* aprender *coisa alguma para fazer isso. Precisa apenas lembrar do que já sabe, e* agir de acordo com esse conhecimento.

Não sei se entendi bem.

Vamos começar aqui. A alma — sua alma — sabe tudo que há para saber o tempo todo. Nada é misterioso ou desconhecido para ela. Entretanto, conhecer não é o suficiente. A alma procura experimentar.

Você pode saber *ser generoso, mas a menos que* faça *algo que demonstre a sua generosidade, terá apenas um conceito. Pode* saber *ser bondoso, mas a menos que* seja *bondoso com alguém, só terá uma* idéia *a respeito de si mesmo.*

É desejo de sua alma transformar o seu melhor conceito *sobre si mesmo em sua melhor* experiência. *Enquanto o conceito não se torna experiência, tudo que há é especulação. Eu especulo a respeito de Mim Mesmo há muito tempo. Há mais tempo do que Eu e você juntos poderíamos nos lembrar, do que a idade deste Universo multiplicada por dois. Então você vê o quanto é nova a Minha experiência de Mim Mesmo.*

O Senhor me deixou confuso de novo. A experiência de Si Mesmo?

Sim. Deixe-me explicar:

No início, o que É era tudo que havia. Porém, Tudo Que É não podia conhecer-se — porque não havia mais coisa alguma. *E então, Tudo Que É... não era. Porque, na ausência de outra coisa, Tudo Que É* não *é.*

Esse é o grande Ser ou Não Ser a que os místicos se referem desde o início dos tempos.

Tudo Que É sabia *que era tudo que existia — mas isso não era suficiente, porque só podia conhecer a sua total magnificência* conceitualmente, *não* experimentalmente. *Porém, a* experiência *de Si Mesmo era aquilo pelo que ansiava, porque desejava saber como era ser tão magnificente. Mas isso era impossível, porque o próprio termo "magnificente" é um termo relativo. Tudo Que É só poderia saber como* era *ser magnificente, quando* o que não é *surgisse. Na ausência* do que não é, *o que É* não *é.*

Você compreende isso?

Acho que sim. Continue.

Está bem.

A única coisa que Tudo Que É sabia é que nada mais havia. *Portanto,* nunca *poderia conhecer a Si Mesmo a partir de um ponto de referência externo. Esse ponto não existia. Só existia um ponto de referência, que era interno. O "É-Não É". O "Sou-Não Sou".*

Mas o Tudo de Tudo decidiu conhecer-se experimentalmente.

Essa energia — pura, não-vista, não-ouvida, não-observada e, portanto, desconhecida por qualquer outra energia — decidiu experimentar a Si Própria em toda a sua magnificência. Para fazer isso, percebeu que teria de usar um ponto de referência interno.

Deduziu muito corretamente que qualquer parte *de si própria teria necessariamente de ser* menos *do que o* todo, *e que se simplesmente se* dividisse *em partes, cada uma delas, sendo menos do que o todo, poderia olhar para o restante e ver magnificência.*

E então Tudo Que É dividiu-se — tornando-se, em um momento glorioso, o que é isto, *e o que é* aquilo. *Pela primeira vez, existiram* isto e aquilo, *bem separados um do outro, e ainda assim, simultaneamente. Como tudo que não era* nem um nem outro.

Portanto, existiram subitamente três elementos: *o que está* aqui, *o que está* lá, *e o que* não está aqui nem lá — *mas que devia* existir *para que* lá *e* aqui *existissem.*

É o nada que contém o tudo. É o não-espaço que contém o espaço. É o todo que contém as partes.

Consegue compreender isso?

Acho que sim. Acredite ou não, o Senhor usou uma ilustração tão clara que acho que estou realmente compreendendo.

Vou continuar. Agora esse nada *que contém o* tudo *é o que algumas pessoas chamam de Deus. Porém, isso também não é exato, porque sugere que há algo que Deus* não é *— a saber, tudo que não é "nada". Mas Eu sou Todas as Coisas — visíveis e invisíveis — por isso essa descrição de Mim como o Grande Invisível — o Nada, ou o Espaço no Meio, uma definição mística de Deus essencialmente oriental, não é mais exata do que a descrição prática de Deus essencialmente ocidental como tudo que é visível. As pessoas que acreditam que Deus é Tudo Que É* e *Tudo Que Não É são aquelas cuja compreensão é correta.*

Criando o que é "aqui" e o que é "lá", Deus tornou possível conhecer a Si Mesmo. No momento dessa grande explosão interior, criou a relatividade *— a maior dádiva que Ele já deu a Si Mesmo. Portanto,* o relacionamento *é a maior Dádiva que Ele já deu a vocês, um ponto a ser discutido detalhadamente mais tarde.*

Portanto, do Nada surgiu o Tudo — um evento espiritual perfeitamente compatível com o que os seus cientistas chamam de Teoria do Big Bang.

Quando todos os elementos se precipitaram para a frente, o tempo *foi criado, porque primeiro uma coisa estava* aqui, *e depois* lá *— e o período que havia demorado para ir daqui para lá era mensurável.*

Assim como as partes visíveis do Tudo Que É começaram a se definir "relativamente" umas às outras, as invisíveis também se definiram.

Deus sabia que para o amor existir — e conhecer-se como amor puro *— seu exato oposto também tinha de existir. Por isso, Ele criou voluntariamente a grande polaridade — o oposto absoluto do amor — tudo que o amor não é — o que agora é chamado de medo. No momento em que o medo existiu, o amor pôde existir como* algo que podia ser experimentado.

É a essa criação da dualidade *entre o amor e o seu oposto que os seres humanos se referem em suas várias mitologias como o* aparecimento do mal, *a desgraça de Adão, a rebelião de Satanás e assim por diante.*

Do mesmo modo como vocês escolheram personificar o amor puro como aquele a quem chamam de Deus, escolheram personificar o medo abjeto como aquele a quem chamam de demônio.

Algumas pessoas na Terra criaram mitologias bastante elaboradas em torno desse evento, cheias de cenários de lutas e guerra, anjos guerreiros e demônios, as forças do bem e do mal, da luz e das trevas.

Essa mitologia foi a primeira tentativa da humanidade de compreender, e contar às outras pessoas de um modo que pudessem compreender, uma ocorrência cósmica da qual a alma humana está muito consciente, mas que a mente mal pode conceber.

Criando o Universo como uma versão dividida de Si Mesmo, *Deus produziu, a partir de pura energia, tudo que agora existe — visível e invisível.*

Em outras palavras, não foi só o universo físico que foi criado, como também o universo metafísico. *A parte de Deus que forma a segunda metade da equação Sou/Não Sou também explodiu em um número infinito de unidades menores do que o todo. Essas unidades de energia vocês chamariam de espíritos.*

Em algumas de suas mitologias religiosas é dito que "Deus-Pai" tem muitos filhos espirituais. Esse paralelo com as experiências humanas da vida se multiplicando parece ser o único modo de fazer as massas aceitarem como realidade a idéia do súbito aparecimento, da súbita existência de inúmeros espíritos no "Reino do Céu".

Nesse caso, seus mitos e suas histórias não estão tão longe da realidade suprema — porque os inúmeros espíritos que formam a totalidade de Mim são, *em um sentido cósmico, Meus filhos.*

Meu propósito divino ao Me dividir foi criar partes suficientes de Mim para poder conhecer a Mim Mesmo experimentalmente. *Há apenas uma forma de o Criador conhecer-se experimentalmente como tal, e essa forma é criar. E então Eu dei às inúmeras partes de Mim (a todos os meus filhos espirituais) o* mesmo poder de criar *que Eu tenho como o todo.*

Isso é o que as suas religiões querem dizer quando afirmam que vocês foram criados "à imagem e semelhança de Deus". Isso não significa, como alguns sugeriram, que nossos corpos físicos se assemelham (embora Eu possa adotar qualquer forma física que escolher para um objetivo particular). Significa que nossa essência é a mesma. Somos feitos da mesma essência. SOMOS a "mesma essência"! Com as mesmas propriedades e habilidades — inclusive a habilidade de criar a realidade física a partir do nada.

Meu objetivo ao criá-los, Meus filhos espirituais, foi conhecer a Mim Mesmo como Deus. Só posso fazer isso através de vocês. *Portanto, pode-se dizer (como foi dito muitas vezes) que o Meu objetivo é que* vocês *se conheçam como Eu.*

Isso parece muito simples, mas se torna muito complexo — porque só há um modo de vocês se conhecerem como Eu: primeiro se conhecerem como não Eu.

Agora deixe-me explicar isso — tente entender — porque a partir daqui é mais difícil. Está pronto?

Acho que sim.

Bom. Lembre-se de que pediu essa explicação. Espera por ela há anos. Pediu-a em termos leigos, não através de doutrinas teológicas ou teorias científicas.

Sim, eu sei o que pedi.

E tendo pedido, receberá.

Agora, para simplificar as coisas, usarei o seu modelo mitológico dos filhos de Deus como uma base para discussão, porque é um modelo com o qual está acostumado — e que de muitos modos não está muito distante da realidade.

Então vamos voltar a como esse processo de autoconhecimento deve funcionar.

Há um modo pelo qual Eu podia ter feito todos os Meus filhos espirituais se conhecerem como partes de Mim: simplesmente dizer-lhes o que eram. Isso eu fiz. Mas não foi suficiente para o Espírito simplesmente conhecer a Si mesmo como Deus, ou parte de Deus, ou filho de Deus, ou herdeiro do Reino (ou o que afirme qualquer mitologia que queiram usar).

Como já expliquei, saber algo e experimentá-lo *são duas situações diferentes. O Espírito ansiava por conhecer-se experimentalmente (como Eu fiz!). A consciência conceitual não foi suficiente para vocês.*

Então Eu elaborei um plano. É a idéia mais extraordinária em todo o Universo — e a colaboração mais espetacular. Digo colaboração porque todos vocês estão participando disso Comigo.

Segundo o plano, vocês como espíritos puros entrariam no universo físico recém-criado. Isso porque a materialidade *é o único modo de saber* experimentalmente *o que se sabe conceitualmente. De fato, esse é o motivo pelo qual eu criei primeiramente o universo físico, e o sistema de relatividade que o governa, e tudo que existe.*

Uma vez no universo físico vocês, Meus filhos espirituais, podiam experimentar o que sabiam sobre si mesmos; mas primeiro tinham de conhecer o oposto. *Explicando isso de um modo simplista, vocês não podem saber que são altos, se não souberem o que é ser baixo. Não podem experimentar a parte de si mesmos que chamam de gorda, se não souberem o que é ser magro.*

Seguindo a lógica primária, vocês só podem experimentar a si mesmos como o que são quando se deparam com o que não são. *É essa a finalidade da teoria da relatividade, e de toda a vida física. É de acordo com os que* não *são que vocês se definem.*

Agora no caso do conhecimento primário — de se conhecerem como o Criador — vocês só podem experimentar *a si mesmos como o Criador quando criam. E só podem criar a si mesmos quando se destroem. Em certo sentido, primeiro têm de "não ser" para ser. Está entendendo?*

Eu acho que...

Preste atenção.

É claro que não há como vocês não serem quem e o que são — simplesmente são isso *(espírito puro e criativo), sempre foram e sempre serão. Então vocês fizeram a melhor rota a seguir. Obrigaram-se a esquecer Quem Realmente São.*

Ao entrarem no universo físico, renunciaram à lembrança de si mesmos. *Isso lhes permite* escolher *ser Quem São, em vez de apenas, por assim dizer, acordar no castelo.*

É no ato de escolher ser — em vez de simplesmente ser-lhes dito que são — uma parte de Deus que vocês se experimentam *como sendo por livre escolha, o que é, por definição, Deus. Contudo, como podem ter uma escolha em relação a algo para o que* não há *escolha? Vocês não podem* não *ser Meus filhos, por mais que tentem — mas podem* esquecer.

Vocês são, sempre foram e sempre serão, uma parte divina do todo divino, um membro do corpo. *É por isso que o ato de reincorporar-se ao todo, de voltar para Deus, é chamado de* lembrança. *Vocês de fato escolhem lembrar Quem Realmente São, ou unir-se às suas várias partes para experimentar o seu todo, ou seja, Tudo de Mim.*

Portanto, sua função na Terra não é aprender *(porque* já sabem*), mas* lembrar-se *de Quem São; e de quem todas as outras pessoas são. É por isso que uma grande parte de sua função é lembrar aos outros (isto é, relembrar), para que também possam lembrar-se.*

Todos os maravilhosos mestres espirituais têm feito justamente isso. Esse é o seu *único objetivo. Ou seja, o objetivo da* sua alma.

Meu Deus, isso é muito simples — e também... *simétrico.* Quero dizer, tudo subitamente se encaixa! Agora vejo uma imagem que nunca havia reconhecido.

Bom. Isso é bom. Esse é o objetivo deste diálogo. Você Me pediu respostas. Eu lhe prometi que as daria.

Você fará deste diálogo um livro, e levará as Minhas palavras para muitas pessoas. Isso é parte do seu trabalho. *Agora você tem muitas perguntas a fazer a respeito da vida. Aqui nós lançamos a base. Vamos a essas outras perguntas. E não se preocupe. Se até aqui há algo que não compreendeu bem, ficará claro dentro em breve.*

Tenho tantas dúvidas! Há tantas perguntas que quero fazer! Acho que deveria começar pelas principais, as óbvias. Como por exemplo, por que o mundo se encontra nas condições atuais?

De todas as perguntas que o homem já fez a Mim, essa é a que fez mais vezes, desde o início dos tempos. Desde o primeiro momento vocês quiseram saber: por que tem de ser assim?

A forma clássica de fazê-la geralmente é algo como: se Deus é perfeito e ama a todos, por que criaria as pestes e a fome, as guerras e doenças, os terremotos, tornados, furacões e todos os desastres naturais, as grandes desilusões pessoais e calamidades mundiais?

A resposta para essa pergunta está no maior mistério do Universo e no significado mais importante da vida.

Eu não demonstro a Minha bondade criando apenas o que chamam de perfeição ao seu redor. Não demonstro o Meu amor sem permitir-lhes demonstrar o seu.

Como já expliquei, não se pode demonstrar amor enquanto não se demonstra o não-*amor. Uma coisa não pode existir sem o seu oposto, exceto na esfera do absoluto. Porém, essa esfera não foi suficiente para vocês ou para Mim. Eu existia lá, na eternidade, que é de onde vocês também vieram.*

No absoluto não existe experiência, há apenas conhecimento. O conhecimento é um estado divino, mas a maior alegria está em ser. *Só se consegue* ser *depois da experiência. A evolução é esta:* conhecimento, experiência, ser. *Essa é a Santíssima Trindade, que é Deus.*

Deus-Pai é conhecimento, *o pai de todo o saber, o criador de todas as experiências, porque não se pode experimentar aquilo que não se conhece.*

Deus-Filho é experiência, *a encarnação de tudo que o Pai sabe sobre Ele Mesmo, porque não se pode ser o que não se experimentou.*

Deus-Espírito Santo é ser, *a* desencarnação *de tudo que o Filho experimentou Dele Mesmo; o simples e belo ato de ser, possível apenas através da lembrança do conhecimento e da experiência.*

Esse simples ato de ser é beatitude celeste. É um estado de Deus, depois de conhecer e experimentar a Ele Mesmo. É aquilo pelo que Deus ansiou no início.

É claro que você já passou do ponto em que Eu precisaria explicar-lhe que as descrições de pai e filho não têm nada a ver com gênero. Uso aqui a linguagem pictórica de seus livros sagrados mais recentes. Muito antes, os escritos sagrados colocaram essa metáfora em um contexto mãe-filha. Nenhum deles está correto. Sua mente pode entender melhor o relacionamento como criador-criatura, ou o-que-dá-origem-a, e o-que-se-origina. Acrescentar a terceira parte da Trindade produz esse relacionamento: o que dá origem a/o que se origina/o que é.

Essa realidade trina é a "assinatura" de Deus, o modelo divino. O três-em-um é encontrado em toda a parte nas esferas do sublime. Vocês não podem escapar disso ao lidarem com questões relativas a tempo e espaço, Deus e consciência, ou qualquer um dos relacionamentos superiores. Por outro lado, não *encontrarão a Verdade Trina em nenhum dos relacionamentos inferiores da vida.*

A Verdade Trina é reconhecida nos relacionamentos superiores da vida por todos que os têm. Alguns de seus religiosos descreveram a Verdade Trina como Pai, Filho e Espírito Santo. Alguns de seus psi-

quiatras usam os termos superconsciente, consciente e subconsciente. Alguns de seus espiritualistas dizem energia, matéria e espaço celeste. Alguns de seus filósofos dizem que uma coisa só é verdadeira quando o é em pensamentos, palavras e atos. Quando discutem o tempo, vocês falam apenas de três tempos: passado, presente e futuro. De igual modo, há três momentos em sua percepção: antes, agora e depois. Em termos de relacionamentos espaciais, considerando os pontos no Universo ou vários pontos em seu próprio espaço, vocês reconhecem aqui, lá e o espaço no meio.*

Em termos de relacionamentos inferiores, vocês não reconhecem o espaço "no meio". Isso ocorre porque esses relacionamentos são sempre díades, enquanto os relacionamentos da esfera superior são sempre tríades. Portanto, há esquerda e direita, em cima e embaixo, grande e pequeno, rápido e lento, quente e frio e a maior díade já criada: homem e mulher. Não há nada no meio *dessas díades. Uma coisa é* uma coisa *ou* a outra, *ou alguma* versão *mais ou menos usada em relação a uma dessas polaridades.*

Dentro da esfera dos relacionamentos inferiores, nada pode existir sem uma conceitualização de seu oposto. *A maior parte das suas experiências diárias se baseia nessa realidade.*

Dentro da esfera dos relacionamentos sublimes, nada que existe tem um oposto. Tudo É um, e progride de um para o outro em um ciclo interminável.

O tempo é uma esfera sublime, na qual o que vocês chamam de passado, presente e futuro existem inter-relacionalmente. *Isto é, não são*

* No texto, *Deus* está afirmando que esses termos são usados por psiquiatras. Estes usam o termo consciente e subconsciente (embora prefiram inconsciente), mas nenhum dos que consultei já ouviu falar em superconsciente. A opção id, ego e superego se aproximaria da idéia, embora não seja a mesma coisa (tanto que o autor a usa mais à frente, mas não agora). (N. da T.)

opostos, *mas sim partes do mesmo todo; desenvolvimentos da mesma idéia; ciclos da mesma energia; aspectos da mesma Verdade imutável. Se vocês concluírem disso que passado, presente e futuro existem um de cada vez e ao mesmo "tempo", estarão certos. (No entanto, agora não é o momento de discutir isso. Poderemos fazê-lo detalhadamente mais tarde, quando examinarmos todo o conceito de tempo.)*

O mundo se encontra nas condições atuais porque não poderia ser de outro *modo e ainda assim existir na esfera inferior da materialidade. Terremotos e furacões, enchentes e tornados e outras calamidades que vocês chamam de desastres naturais são apenas movimentos dos elementos de uma polaridade para a outra. Todo o ciclo de nascimento e morte é parte desse movimento. Esses são os ritmos da vida, e tudo na esfera inferior está sujeito a eles, porque a vida* em si *é um ritmo. É uma onda, uma vibração, uma palpitação no próprio coração do Tudo Que É.*

A doença e o mal-estar são os opostos da saúde e do bem-estar, e se manifestam em sua realidade obedecendo às suas ordens. Vocês não podem adoecer sem provocar a doença em algum nível, e podem ficar sadios de novo em um instante simplesmente decidindo por isso. As grandes desilusões pessoais são reações escolhidas, e as calamidades mundiais são o resultado da consciência mundial.

Sua pergunta supõe que Eu escolho esses eventos, que é a Minha vontade e o Meu desejo *que aconteçam.* Contudo, Eu não desejo que esses desastres naturais aconteçam, apenas observo vocês ocasionando-os. *E não faço nada para impedi-los, porque isso seria* contrariar a sua vontade, *o que, por sua vez, os privaria da experiência de Deus, que é a experiência que vocês e Eu escolhemos juntos.*

Logo, não condene tudo que chamaria de ruim no mundo. Em vez disso, pergunte-se o que considerou ruim e o que deseja fazer para mudá-lo.

Pergunte a si mesmo: "Que parte do meu Eu desejo agora experimentar diante dessa calamidade? Que aspecto do ser devo fazer aparecer?" Porque toda a vida existe como um instrumento de sua própria criação, e todos os seus eventos meramente se apresentam como oportunidades para você decidir e ser Quem É.

Isso é verdadeiro para todas *as almas; assim sendo, você vê que não há vítimas no Universo, apenas criadores. Todos os Mestres que nasceram neste planeta sabiam disso. É por esse motivo que nenhum deles se imaginava vitimizado, embora muitos literalmente tenham sido crucificados.*

Cada *alma é um Mestre, embora algumas almas não se lembrem de suas origens ou heranças. Todavia, cada qual cria a situação e condição para o seu objetivo mais elevado e a sua lembrança mais rápida — em cada momento chamado de agora.*

Então não julgue o caminho cármico trilhado por outra pessoa. Não sinta inveja do sucesso e nem pena do fracasso, porque não sabe o que é sucesso ou fracasso na avaliação da alma. *Não diga que algo é uma calamidade ou um evento feliz até decidir, ou testemunhar, qual é seu* objetivo. *Pois a morte é uma calamidade se salvar as vidas de milhares de pessoas? E a vida é um evento feliz se só causar sofrimento? Não deve julgar nem mesmo isso. Guarde sempre para si mesmo as suas opiniões, e deixe os outros fazerem o mesmo.*

Isso não significa ignorar um pedido de ajuda, ou a ânsia de sua própria alma de trabalhar visando a mudança de alguma situação ou condição. Significa evitar rótulos e julgamentos enquanto faz o que quer que seja. Porque todas as situações são uma dádiva, e cada experiência é um tesouro oculto.

Certa vez, existiu uma alma que sabia que era a luz. Sendo uma alma nova, ansiava por experiência. "Eu sou a luz", dizia repetida-

mente. Mas todo o seu conhecimento e todas as suas palavras não podiam substituir a experiência de ser a luz. E na esfera onde essa alma surgiu, só havia luz. Todas as almas eram sublimes e magnificentes, e irradiavam o brilho da Minha grande luz. E por isso a pequena alma em questão era como uma vela sob o Sol. No meio da luz maior — da qual era parte — não podia ver a si mesma, experimentar-se como Quem Realmente Era.

Acontece que aquela alma desejava muito conhecer a si mesma. Tão profundo era esse seu desejo que um dia Eu lhe disse:

— Você sabe, Pequena Alma, o que deve fazer para satisfazer o seu desejo?

— Ah, o quê, Deus? O quê? Eu farei qualquer coisa! — disse ela.

— Deve separar-se do restante de nós — disse Eu — e então evocar a escuridão.

— O que é a escuridão, ó Santíssimo? — perguntou a pequena alma.

— O que você não é.

E a alma compreendeu. Afastou-se do todo, chegando a ir até outra esfera. Nela, teve o poder de experimentar todos os tipos de escuridão. E o fez.

Contudo, no meio daquelas trevas, gritou:

— Pai, Pai, por que me abandonastes?

Vocês têm feito isso em seus momentos mais difíceis. Entretanto, eu nunca os abandonei. Estou sempre ao seu lado, pronto para lembrar-lhes Quem Realmente São; para chamá-los de volta ao lar.

Por isso, sejam uma luz na escuridão, e não a amaldiçoem.

E não se esqueçam de Quem São no momento em que forem rodeados pelo que não são. Mas louvem a criação, mesmo quando tentarem mudá-la.

E saibam que aquilo que fizerem no seu momento de maior sofrimento poderá ser a sua maior vitória. Porque a experiência que criam é uma afirmação de Quem São — e de Quem Desejam Ser.

Eu lhe contei essa história — a parábola da pequena alma e do Sol — para que você pudesse compreender melhor porque o mundo se encontra na situação atual, e como ele poderá mudar no momento em que todos se lembrarem da verdade divina de sua realidade mais transcendente.

Há aqueles que dizem que a vida é uma escola, e que as coisas que o ser humano observa e experimenta em sua vida visam ao seu aprendizado. Eu já disse isso antes, e vou repetir:

Vocês vieram a este mundo sem nada a aprender — só têm de demonstrar o que já sabem. Ao demonstrá-lo vocês se recriam, através de suas experiências. Dessa forma, justificam a vida, dão-lhe um objetivo e tornam-na sagrada.

O Senhor está dizendo que todos os eventos ruins que nos acontecem foram escolhidos por nós? Quer dizer que até mesmo as calamidades e os desastres mundiais são, em algum nível, criados por nós para que possamos "experimentar o oposto de Quem Somos"? E se for assim, não há um modo menos doloroso, para nós mesmos e para os outros, de criar oportunidades de nos experimentarmos?

Você fez várias perguntas, e todas são boas. Vamos responder uma de cada vez.

Não, nem todas as coisas que lhes acontecem e que chamam de ruins são escolha de vocês. Não no sentido consciente — que é aquele ao qual você se refere. Todas elas são criações suas.

Vocês estão sempre *envolvidos no processo de* criar. *Em todos os momentos. Todos os minutos. Todos os dias.* Como *podem criar, vere-*

mos mais tarde. Por enquanto, aceite apenas a Minha palavra: vocês são uma grande máquina criadora e produzem uma nova manifestação tão veloz quanto o pensamento.

Ocorrências, condições, situações — tudo isso é criado pela consciência. A consciência individual é muito poderosa. Podem imaginar o tipo de energia criativa que é liberada quando duas ou mais pessoas se reúnem em Meu nome. E a consciência das massas? É tão poderosa que pode criar ocorrências e situações de importância e conseqüências mundiais.

Não seria certo dizer — não no modo a que você se refere — que vocês escolhem *essas conseqüências. Não as escolhem mais do que Eu as escolho. Como Eu, vocês as observam. E decidem Quem São* em referência a elas.

Entretanto, não há vítimas e nem algozes no mundo. E você tampouco é uma vítima das escolhas dos outros.

Em algum nível todos *vocês criaram o que dizem que detestam — e, por conseguinte,* o escolheram.

Esse é um nível avançado de pensamento que todos os Mestres atingem mais cedo ou mais tarde. Porque é apenas quando eles aceitam a responsabilidade por tudo *é que podem ter o poder de mudar parte disso.*

Enquanto você nutrir a idéia de que há algo ou alguém "fazendo isso" com você, não terá o poder de fazer nada a respeito. Somente quando disser "eu fiz isso" *poderá ter o poder de mudá-lo.*

É muito mais fácil você mudar o que está fazendo do que mudar o que os outros estão fazendo.

O primeiro passo para mudar qualquer coisa *é saber e aceitar que você escolheu ela ser o que é. Se não puder aceitar isso em um nível pessoal, admita-o através de sua compreensão de que Nós somos todos*

Um. Tente então criar mudança não porque algo está errado, mas porque não é mais uma afirmação exata de Quem Você É.

Há apenas um motivo para fazer alguma coisa: uma afirmação para o Universo de Quem Você É.

Usada desse modo, a vida passa a criar o Eu. Você a usa para criar o seu Eu como Quem Você É, e Quem Sempre Desejou Ser. *Também há apenas um motivo para desfazer alguma coisa: ela* não ser mais *uma afirmação de Quem Você Deseja Ser, não o refletir, não o representar.*

Se você quiser ser corretamente representado, deve tentar mudar tudo em sua vida que não se encaixa na imagem que deseja projetar na eternidade.

No sentido mais amplo, todos os eventos "ruins" que acontecem são *da sua escolha. O erro não é escolhê-los, mas chamá-los de ruins. Porque ao fazer isso, você chama o seu Eu de ruim, já que os criou.*

Esse rótulo você não pode aceitar; portanto, em vez de rotular o seu Eu como ruim, nega as suas próprias criações. *É essa desonestidade intelectual e espiritual que o deixa aceitar um mundo em tais condições. Se você tivesse de aceitar — ou pelo menos tivesse uma forte sensação interior de* responsabilidade pessoal *pelo mundo — este seria um lugar muito diferente. Sem dúvida seria, se* todos *se sentissem responsáveis. Por ser tão óbvio é que esse fato se torna tão doloroso e irônico.*

As calamidades e os desastres naturais do mundo — seus tornados e furacões, vulcões e enchentes — desordens físicas — não são especificamente criações suas. O que você cria é o grau em que esses eventos afetam a sua vida.

Há eventos no Universo que nenhum vôo da imaginação poderia afirmar que você provocou ou criou.

Esses eventos foram criados pela consciência combinada do homem. Todo o mundo, criando junto, produz essas experiências. O que cada um de vocês faz individualmente é passar por elas, decidindo o que significam para vocês — se é que têm algum significado — e Quem e O Que Vocês São em relação a elas.

Dessa forma, vocês criam coletiva e individualmente a vida e os tempos que estão experimentando, e o objetivo é a evolução da alma.

Você perguntou se há um modo menos doloroso de passar por esse processo — e a resposta é sim. Contudo, nada em sua experiência exterior terá mudado. O modo de diminuir o sofrimento que você associa às experiências e ocorrências terrenas — tanto as suas como as das outras pessoas — é mudar o modo de vê-las.

Você não pode mudar o evento exterior (porque foi criado por todos vocês, e não é suficientemente maduro em sua consciência para alterar individualmente o que foi criado coletivamente), por isso deve modificar a experiência interior. Esse é o caminho para o completo controle na vida.

Nada é em si doloroso. O sofrimento resulta do pensamento errôneo. É um erro no modo de pensar.

Um mestre pode acabar com a dor mais intensa. Desse modo, o Mestre cura.

O sofrimento resulta de um julgamento que você fez sobre uma coisa. Elimine o julgamento e o sofrimento desaparecerá.

O julgamento freqüentemente se baseia na experiência anterior. Sua idéia sobre uma situação se origina de uma idéia anterior sobre ela. Sua idéia anterior resulta de uma idéia ainda mais anterior — e essa idéia de outra, e assim por diante, como um bloco de edifícios, até você voltar por todo o caminho e chegar à sala de espelhos, ao que Eu chamo de primeiro pensamento.

Todo pensamento é criativo, e nenhum pensamento é mais poderoso do que o original. É por essa razão que às vezes ele também é chamado de pecado original.

O pecado original ocorre quando o seu primeiro pensamento sobre alguma situação é errôneo. O erro é então cometido muitas vezes, sempre que você tem um segundo ou terceiro pensamento em relação a ele. É trabalho do Espírito Santo inspirá-lo a ter novas compreensões que podem livrá-lo de seus erros.

O Senhor está dizendo que eu não deveria me sentir mal em relação às crianças que morrem de fome na África, à violência e injustiça na América, às enchentes que matam centenas de pessoas no Brasil?

Não há "deveria" ou "não deveria" no mundo de Deus. Faça o que quiser, o que o reflete, o que o representa como uma versão mais grandiosa do seu Eu. Se quiser se sentir mal, sinta-se.

Mas não julgue ou condene. Você não sabe porque e com que objetivo um evento ocorre.

E lembre-se disto: o que você condena o condenará, e o que você julga um dia virá a julgá-lo.

Em vez disso, procure mudar o acontecimento — ou apoiar outras pessoas que os estão mudando — que não mais refletem o seu sentido mais elevado de Quem Você É.

Entretanto, bendiga tudo — porque tudo é criação de Deus, através da vida, que é a Sua mais importante criação.

Poderíamos parar aqui por um momento para eu recuperar o fôlego? Eu O ouvi dizer que não há "deveria" ou "não deveria" no mundo de Deus?

Sim.

Como pode ser isso? Se não há em *Seu* mundo, onde há?

Realmente — onde...?

Eu repito a pergunta. Onde mais há "deveria" e "não deveria", se não em Seu mundo?

Em sua imaginação.

Mas as pessoas que me ensinaram tudo que era certo e errado, que eu deveria ou não fazer, me disseram que essas regras foram ditadas pelo *Senhor* — por Deus.

Então elas estavam erradas. Eu nunca determinei um "certo" ou "errado", um "faça" ou "não faça". Isso seria privá-los totalmente da sua maior dádiva — a oportunidade de fazer o que quiserem e experimentar os resultados disso; a chance de recriar-se à imagem e semelhança de Quem Realmente São; o espaço para produzir uma realidade de um Eu cada vez mais elevado, baseado em sua idéia mais formidável do que são capazes.

Dizer *que alguma coisa — um pensamento, uma palavra, um ato — é "errada" seria o mesmo que dizer-lhes para não fazê-la. Isso seria proibi-los, restringi-los, negar-lhes a realidade de Quem Vocês Realmente São, assim como a oportunidade de criar e experimentar essa verdade.*

Há aqueles que dizem que Eu lhes dei o livre-arbítrio, mas essas mesmas pessoas também dizem que se vocês não me obedecerem, Eu os mandarei para o Inferno. Que tipo de livre-arbítrio é esse? Isso não é duvidar de Deus — e de qualquer tipo de relacionamento verdadeiro entre nós?

Bem, agora estamos entrando em outra área que eu queria discutir, que é tudo o que diz respeito a Céu e Inferno. Pelo que estou entendendo, não existe Inferno.

Existe, mas não é o que vocês pensam, e não o experimentam pelos motivos que apresentou.

O que é o Inferno?

É a experiência do pior resultado possível de suas escolhas, decisões e criações. É a conseqüência natural de qualquer pensamento que negue a Mim, ou Quem Vocês São em relação a Mim.

É o sofrimento provocado pelo pensamento errôneo. Contudo, até mesmo o termo "pensamento errôneo" é inadequado, porque não existe o errado.

O Inferno é o oposto da alegria. É insatisfação. É saber Quem e O Que Você É, e não experimentá-los. É ser menos. *Isso é Inferno, e não existe um maior para a sua alma.*

Mas o Inferno não existe como esse lugar *que vocês fantasiaram, onde queimam em um fogo eterno, ou existem em um estado de tormento eterno. O que Eu ganharia com isso?*

Mesmo se Eu tivesse o pensamento extraordinariamente Não-Divino de que vocês não "mereciam" o Céu, por que precisaria procurar algum tipo de vingança ou punição por seu fracasso? Não poderia simplesmente dar fim a vocês? Que parte vingativa de Mim exigiria que Eu os condenasse a um sofrimento eterno indescritível?

Se você responder que Eu faria isso por uma necessidade de justiça, uma simples negação de comunhão Comigo no Céu não serviria ao mesmo objetivo? A imposição de um sofrimento eterno também seria necessária?

Eu digo que não *há uma experiência após a morte como a que vocês imaginaram em suas teologias baseadas no medo. No entanto, há uma experiência da alma tão infeliz, tão incompleta, tão menos do que o todo, tão* separada *da maior alegria de Deus, que para essa alma isso* seria *o Inferno. Mas Eu não os* mando *para lá, e tampouco lhes imponho essa experiência. Vocês mesmos a criam, sempre que separam o seu Eu do seu próprio pensamento mais elevado em relação a vocês; sempre que o negam e rejeitam Quem e O Que Realmente São.*

Não obstante, nem mesmo essa experiência é eterna. Não pode *ser, porque não é o Meu plano que vocês se separem de Mim por toda a eternidade. De fato, isso é impossível — porque nesse caso não só vocês teriam de negar Quem São, como Eu também teria de negá-lo. Isso Eu nunca farei. E enquanto um de nós se mantiver fiel à verdade em relação a vocês, ela prevalecerá.*

Mas se não há Inferno, isso significa que posso fazer o que quiser, realizar qualquer ato, sem medo de punição?

É do medo *que você precisa para ser, fazer e ter o que é intrinsecamente certo? Tem de se sentir* ameaçado *para "ser bom"? E o que é "ser bom"? Quem tem a palavra final sobre isso? Quem dá as diretrizes? Quem cria as regras?*

Eu digo que é você quem cria as suas próprias regras, *que dá as diretrizes.* É você *quem decide o quanto se saiu bem. Porque é o único que decidiu Quem e O Que Realmente É — e Quem Deseja Ser.* Você *é* a única pessoa *que pode avaliar como está se saindo.*

Ninguém mais o julgará, por que e como Deus poderia julgar a sua própria criação e considerá-la ruim? Se Eu quisesse que vocês fossem perfeitos e fizessem tudo certo, teria deixado que ficassem no estado de total perfeição de onde vieram. Todo o objetivo do processo foi fazê-los descobrir a si mesmos, criar os seus "Eus", *como realmente são e desejam ser. Contudo, vocês só poderiam ser isso se tivessem uma chance de* ser outra coisa.

Então Eu deveria puni-los por fazerem uma escolha que coloquei à sua frente? Se Eu não quisesse que vocês fizessem a segunda escolha, por que criaria outra além da primeira?

Essa é uma pergunta que devem fazer a si mesmos antes de Me atribuírem o papel de um Deus condenador.

A resposta direta para a sua pergunta é sim, você pode fazer o que quiser sem medo de punição. Mas, terá de arcar com as conseqüências.

As conseqüências são os resultados naturais, que não são o mesmo que punições. São simplesmente isso, o que resulta da aplicação natural das leis naturais. Estas são o que ocorre, *bastante previsivelmente, como uma conseqüência do que aconteceu.*

Toda a vida física funciona de acordo com as leis naturais. Quando você se lembrar dessas leis, e aplicá-las, controlará a vida no plano físico.

O que lhe parece punição — ou o que chamaria de mal, ou má sorte — é apenas uma lei natural fazendo-se valer.

Então se eu conhecer essas leis, e cumpri-las, nunca mais terei um momento de dificuldade. É isso que está me dizendo?

Você nunca experimentaria o seu Eu como estando no que chama de "dificuldade". Não encararia nenhuma circunstância da vida como um problema. Não temeria nenhuma situação. Poria fim a todas as preocupações, dúvidas e temores. Viveria como a fantasia que Adão e Eva viveram — não como espíritos desencarnados na esfera do abso-

luto, mas como espíritos encarnados na esfera do relativo. Teria toda liberdade, alegria, paz e sabedoria e todo o poder do Espírito que você é. Seria uma pessoa plenamente realizada.

Esse é o objetivo da sua alma — realizar-se enquanto ainda está no corpo; tornar-se a encarnação *de tudo que realmente é.*

Esse é o Meu plano, o Meu ideal: realizar a Mim Mesmo através de você; transformar o conceito em experiência; conhecer o Meu Eu experimentalmente.

As Leis do Universo foram estabelecidas por Mim. São leis perfeitas, que proporcionam um perfeito funcionamento da matéria.

Já viu algo mais perfeito do que um floco de neve? Tal complexidade, design, simetria, conformidade consigo próprio e originalidade em relação a todo o resto — são um mistério. Você fica maravilhado com o milagre desse grande espetáculo da natureza. Mas se Eu posso fazer isso com um único floco de neve, o que acha que posso fazer — e fiz — com o Universo?

Se você visse a sua simetria, a perfeição de seu design — do maior corpo celeste à mínima partícula — não poderia entender essa verdade em sua realidade. Mesmo agora, quando tem apenas uma vaga noção disso, não consegue imaginar ou entender as suas implicações. Porém, pode saber que há implicações, muito mais complexas e extraordinárias do que você pode atualmente compreender. Shakespeare disse isso maravilhosamente: "Há mais coisas entre o Céu e a Terra, Horácio, do que supõe a nossa vã filosofia."

Então como posso conhecer essas leis? Como posso aprendê-las?

Isso não é uma questão de aprender, mas sim de lembrar-se.

Como posso lembrar-me delas?

*Comece ficando calado. Silencie o mundo exterior, para que o mundo interior possa trazer-lhe visão. Esse in-*sight *é o que procura, mas não pode tê-lo enquanto estiver muito preocupado com a sua realidade exterior. Por isso, tente voltar-se o máximo possível para dentro. E quando não estiver se voltando para dentro, venha* de *dentro ao lidar com o mundo exterior. Lembre-se desta máxima:*

Se você não se voltar para dentro, será privado de alguma coisa.

Coloque-a na primeira pessoa e repita-a, para torná-la mais pessoal:

Se eu não
me voltar para dentro,
serei privado de alguma coisa.

Você tem sido privado de alguma coisa a sua vida inteira. No entanto, não precisa ser, e nunca precisou.

Não há nada que você não possa ser ou fazer, nada que não possa ter.

Isso parece uma promessa maravilhosa.

Que outro tipo de promessa acha que Eu faria? Você acreditaria em Mim se Eu prometesse menos?

Durante milhares de anos as pessoas não acreditaram em Minhas promessas pelo motivo mais extraordinário: eram boas demais para serem verdade. Então vocês escolheram uma promessa menor — um amor menor. Porque a Minha promessa maior provém do amor maior. Todavia, não podem conceber um amor perfeito, e por isso uma promessa perfeita também é inconcebível. Como o é uma pessoa perfeita. Por esse motivo, não conseguem acreditar nem mesmo em seus "Eus".

Não acreditar em nada disso significa não acreditar em Deus. Porque a crença em Deus produz crença na maior dádiva divina — o amor incondicional — e na maior promessa divina — o potencial ilimitado.

Posso interromper o Senhor aqui? Detesto fazer isso quando está falando... mas já ouvi essa conversa sobre potencial ilimitado, e não condiz com a experiência humana. O Senhor se esquece das dificuldades encontradas pela pessoa comum — e dos desafios que enfrentam aqueles que nascem com limitações mentais ou físicas? O potencial dessas pessoas é ilimitado?

Vocês escreveram isso em sua Bíblia — de muitos modos e em muitos lugares.

Preciso de uma referência.

Veja o que vocês escreveram em Gênesis, *capítulo 11, versículo 6.*

Está escrito: "E o Senhor disse: 'Eis aqui um povo, que não tem senão uma mesma linguagem; e uma vez que eles começaram esta obra, não hão de desistir do seu intento, a menos que o não tenham de todo executado.'"

Sim. Agora, pode acreditar nisso?

Isso não responde à pergunta sobre os doentes, os incapazes, os deficientes, aqueles que têm limitações.

Você acha que eles têm limitações, como diz, não por sua escolha? Imagina que a alma humana enfrenta os desafios da vida — sejam quais forem — por acaso? É isso que imagina?

Quer dizer que uma alma escolhe antecipadamente que tipo de vida terá?

Não, isso iria contra o objetivo *do encontro, que é* criar *a sua experiência — e, portanto, o seu Eu — no glorioso momento atual. Por esse motivo, você não escolhe antecipadamente a vida que terá.*

Mas pode escolher as pessoas, os lugares e os eventos — as condições e circunstâncias, os desafios e obstáculos, as oportunidades e opções — para criar *a sua experiência. Você pode escolher as cores para a sua palheta, as ferramentas para o seu baú, as máquinas para a sua loja. O que cria com elas* é *assunto seu. Esse* é *o objetivo da vida.*

Seu potencial é *ilimitado em tudo que escolheu fazer. Não presuma que a alma que encarnou em um corpo que você chama de limitado não realizou todo o seu potencial, porque não sabe o que essa alma* estava tentando fazer. *Desconhece a sua* agenda, *a sua* intenção.

Por isso, bendiga *todas as pessoas e condições, e agradeça. Desse modo, afirmará que o que Deus criou é perfeito — e mostrará a sua fé Nele. Porque nada acontece por acaso no mundo de Deus. Não existe coincidência. O mundo não é devastado por acaso, ou devido ao que você chama de destino.*

Se um floco de neve tem um design totalmente perfeito, não acha que o mesmo poderia ser dito sobre algo tão maravilhoso quanto a sua vida?

Mas até mesmo Jesus curou os doentes. Por que Ele os curaria se a sua condição fosse tão "perfeita"?

Jesus não os curou porque achava que a sua condição era imperfeita. Ele os curou porque viu aquelas almas pedindo a cura como parte de seu processo. Viu a perfeição do processo. Reconheceu e compreendeu a intenção da alma. Se Jesus tivesse achado que todas as doenças, mentais ou físicas, representavam imperfeição, não teria simplesmente curado ao mesmo tempo todas as pessoas no planeta? Duvida de que Ele poderia ter feito isso?

Não. Sei que poderia.

Ótimo. Então a mente deseja saber: por que Ele não o fez? Por que Cristo decidiu que alguns deveriam sofrer, e outros ser curados? Por que Deus permite o sofrimento? Esta pergunta já foi feita antes, e a resposta é a mesma. Há perfeição no processo — e toda a vida resulta da escolha. *Não se deve interferir na escolha, ou questioná-la. Muito menos se deve condená-la.*

Deve-se observá-la, e depois fazer o possível para ajudar a alma a fazer uma escolha superior. Portanto, esteja atento às seleções das outras pessoas, mas não as julgue. Saiba que a sua escolha é perfeita para elas neste momento — mas esteja pronto para ajudá-las se mais tarde quiserem fazer uma opção nova, diferente, uma escolha superior.

Esteja em comunhão com as outras almas, e seus objetivos e suas intenções se tornarão claros para você. Foi isso que Jesus fez com aqueles que curou — e com todas *as vidas que tocou. Ele curou todas as pessoas que O procuraram, ou que enviaram outras para implorar por elas. Jesus não curou a esmo. Isso seria infringir uma Lei Sagrada do Universo:*

Deixe todas as almas seguirem o seu caminho.

Mas isso significa que não devemos ajudar as pessoas sem que nos peçam? Certamente que não, ou nunca poderíamos ajudar as crianças famintas da Índia, o povo sofrido da África, ou os pobres e oprimidos de todos os lugares. Todos os esforços da fraternidade seriam perdidos, e toda a caridade seria proibida. Devemos esperar que uma pessoa grite de desespero, ou que o povo de uma nação implore por ajuda, para que possamos fazer o que é obviamente certo?

Você vê, a resposta está na própria pergunta. Se uma coisa é obviamente certa, faça-a. Mas lembre-se de que é preciso muito rigor no julgamento, no que diz respeito ao que chama de "certo" ou "errado".

Uma coisa só é certa ou errada porque você diz que é. Não é certa ou errada intrinsecamente.

Não?

O "certo" ou "errado" não é uma condição intrínseca, é um julgamento subjetivo em um sistema pessoal de valores. Através de seus julgamentos subjetivos você cria o seu Eu — através de seus valores pessoais determina e demonstra Quem É.

O mundo existe exatamente como é para que você possa fazer esses julgamentos. Se existisse em perfeitas condições, seu processo vital de criação do Eu terminaria. A carreira de um advogado terminaria amanhã se não existissem mais litígios. Ocorreria o mesmo com a carreira de um médico se não existissem mais doenças. A carreira de um filósofo também terminaria se não existissem mais dúvidas.

E a *carreira de Deus* terminaria amanhã *se não existissem mais problemas*!

Exatamente. Seu raciocínio foi perfeito. Todos nós pararíamos de criar se não existisse mais nada para ser criado.

Temos muito interesse em continuar o jogo. *Apesar do fato de que dizemos que gostaríamos de resolver* todos *os problemas, não ousamos fazer isso, porque nesse caso não teríamos mais o que fazer.*

Seu complexo militar-industrial entende isso muito bem. É por esse motivo que se opõe terminantemente a qualquer tentativa de estabelecimento de uma política contrária à guerra, em qualquer lugar.

Suas instituições médicas também entendem isso. É por esse motivo que se opõem firmemente — têm de fazê-lo, para a sua própria sobrevivência — a novas drogas ou curas maravilhosas, e ainda mais à possibilidade de milagres.

Sua comunidade religiosa também tem essa lucidez. É por esse motivo que sempre se opõe a qualquer definição de Deus que não inclua medo, julgamento e punição, e a qualquer definição do Eu que não inclua a sua própria idéia do único caminho para Deus.

Se eu lhe disser que você é *Deus — para onde vai a religião? Se eu lhe disser que está curado, para onde vão a ciência e a medicina? Se eu lhe disser que deve viver em paz, para onde vão os pacificadores? Se eu lhe disser que o mundo é fixo, para onde vai o mundo?*

E quanto aos edificadores?

O mundo é cheio de dois tipos de pessoas: as que lhe dão as coisas que você quer, e as que as reparam. Em certo sentido, até mesmo as que apenas lhe dão as coisas que você quer — os açougueiros, os padeiros, os fabricantes de castiçais — também são edificadoras. Porque desejar alguma coisa freqüentemente é precisar *dela. É por isso que é dito que os viciados precisam de uma dose. Portanto, tome cuidado para que o desejo não se transforme em* vício.

Está dizendo que o mundo sempre terá problemas? Que realmente *quer que seja assim*?

Estou dizendo que o mundo existe do jeito que é — como um floco de neve existe do jeito que é — propositalmente. Vocês o criaram assim *— como criaram as suas vidas exatamente como são.*

Eu quero o que vocês querem. *Quando realmente quiserem acabar com a fome, não haverá mais fome. Eu lhes dei todos os recursos para isso. Todos vocês têm os meios para fazerem essa escolha. Mas não a fizeram. O mundo poderia acabar com a sua fome amanhã. Vocês* escolhem *não fazer isso.*

Vocês dizem que há bons motivos para 40 mil pessoas morrerem de fome a cada dia. Não há. Contudo, em uma época em que dizem que não podem fazer coisa alguma para evitar essas mortes, trazem ao mundo 50 mil novas vidas a cada dia. E denominam isso de amor, de plano de Deus. Esse é um plano totalmente ilógico, irracional e impiedoso.

Eu estou mostrando em termos claros que o mundo se encontra nas condições atuais porque vocês escolheram que fosse assim. *Estão destruindo sistematicamente o seu meio ambiente, e depois dizem que os desastres naturais são uma peça cruel que Deus pregou, ou obra de uma Natureza cruel. Vocês é que pregaram a peça em si mesmos, e que são cruéis.*

Nada *é mais gentil do que a Natureza.* E nada *tem sido mais cruel com a Natureza do que o homem. Porém, vocês negam qualquer envolvimento e responsabilidade nisso. Dizem que não é sua* culpa, *e nesse ponto estão certos. Não é uma questão de* culpa, *mas de escolha.*

Vocês podem escolher acabar com a destruição de suas florestas tropicais amanhã, parar de destruir a camada protetora de ozônio que flutua sobre o seu planeta, pôr fim ao ataque ao seu complexo ecossistema. Podem tentar juntar as partes do floco de neve, ou pelo menos evitar que derreta, mas farão isso?

De igual modo, podem acabar com todas as guerras amanhã. *Simples e facilmente. Tudo que é preciso, e que sempre foi, é que todos concordem com isso. Mas, se* vocês *não conseguem concordar com algo tão basicamente simples como parar de se matarem, como podem implorar ao Céu com as mãos erguidas para que as suas vidas sejam colocadas em ordem?*

Eu não farei nada por vocês que não farão por si mesmos. Esta *é a lei e é o que dizem os profetas.*

O mundo está nas condições atuais por causa de vocês, *e das escolhas que fizeram — ou deixaram de fazer.*

(Não decidir é decidir.)

A Terra está como está por causa de vocês, *e das escolhas que fizeram — ou deixaram de fazer.*

Suas próprias vidas estão como estão por causa de vocês, *e das escolhas que fizeram — ou deixaram de fazer.*

Mas eu não escolhi ser atropelado por aquele caminhão! Não escolhi ser roubado por aquele ladrão, ou estuprado por aquele maníaco. Há pessoas no mundo que poderiam dizer isso.

Todos *vocês produziram as condições que criam no ladrão o desejo ou a necessidade de roubar. Todos vocês criaram a consciência que torna o estupro possível. É quando* vêem em si mesmos *o que causou o crime que finalmente começam a corrigir a condição que lhe deu origem.*

Alimentem os famintos, dêem dignidade aos pobres e oportunidades aos menos afortunados. Ponham fim aos preconceitos que fazem as pessoas ficarem confusas e raivosas, com poucas perspectivas de um futuro melhor. Deixem de lado os seus tabus absurdos e as restrições que dizem respeito à energia sexual — em vez disso, ajudem as outras pessoas a compreenderem o seu milagre, e a canalizá-la corretamente. Façam *essas coisas e terão dado um grande passo na direção do fim do roubo e do estupro.*

Quanto ao chamado "acidente" — o caminhão na curva, o tijolo que cai do alto — aprendam a vê-lo como uma pequena parte de um mosaico maior. Vocês foram para a Terra para elaborar um plano individual para a sua própria salvação. No entanto, salvar-se não significa livrar-se das armadilhas do demônio. Não existe demônio e nem Inferno. Vocês estão se salvando do descuido da não-realização.

Essa batalha não pode ser perdida. Vocês não podem falhar. Portanto, não se trata de uma batalha, é apenas um processo. Mas se não souberem disso, acharão que é uma luta constante. Podem até mesmo acreditar na luta *durante o tempo suficiente para criar toda uma religião em torno dela. Esta religião lhes ensinará* que a luta é o objetivo de tudo, *o que é um falso ensinamento. Não é lutando que o processo continua. É rendendo-se que a vitória é assegurada.*

Os acidentes acontecem porque acontecem. Certos elementos do processo da vida se juntam de um determinado modo, em um dado momento e com resultados estipulados — que vocês chamam de desastrosos, por seus motivos particulares. Contudo, podem não ser desastrosos, dada a determinação da sua alma.

Eu lhes digo: não existe coincidência, e nada *acontece "por acaso". Vocês atraem para si todos os eventos, para poderem criar e experimentar Quem Realmente São. Todos os verdadeiros Mestres sabem disso. Este é o motivo pelo qual ficam imperturbáveis diante das piores experiências da vida (como* vocês *as definiriam).*

Os grandes mestres de sua religião cristã entendem isso. Sabem que Jesus não ficou perturbado com a crucificação, mas a esperou. Ele poderia tê-la evitado, mas não a evitou. Poderia ter interrompido o processo em qualquer ponto. Tinha tal poder. Porém, não fez isso.

Permitiu-se ser crucificado *para ser a salvação eterna do homem.* Vejam, *disse Ele,* o que posso fazer. *Vejam o que é* verdade. *E saibam que também farão essas coisas e muitas outras. Eu não disse que são deuses? Mas vocês não crêem. Se não puderem acreditar nisso, confiem em* si mesmos *e em* Mim.

A compaixão de Jesus era tanta que Ele implorou por uma forma — e a criou — de causar tamanho impacto no mundo que todos poderiam ir para o Céu (realização pessoal) — se não de outro modo, através Dele. Porque Ele venceu o sofrimento e a morte. E vocês podem fazer o mesmo.

O maior ensinamento de Cristo não foi que vocês terão vida eterna, mas que têm*; não que terão fraternidade em Deus, mas que* têm*; não que terão tudo que pedirem, mas que* têm.

Tudo o que é preciso é saber disso. *Porque vocês criam a sua realidade, e a vida só poderá ser para vocês como* pensam *que será.*

Pensar *é o primeiro passo na criação. Deus-Pai é pensamento. Seu pensamento é o pai que dá origem a todas as coisas.*

Essa é uma das leis de que devemos nos lembrar.

Sim.

O Senhor pode me dizer quais são as outras?

Eu disse para vocês quais são todas elas, desde o início dos tempos. Repetidamente. Eu lhes enviei um mestre após o outro. Vocês não ouvem os meus mestres. Vocês os matam.

Mas *por quê*? Por que matamos os mais santos entre nós? Nós os matamos ou desonramos, o que é a mesma coisa. *Por quê*?

Porque eles se opõem a todos os seus pensamentos que negariam a Mim. E vocês negam a Mim quando negam a si mesmos.

Por que eu ia querer negar ao Senhor, *ou* a mim?

Porque tem medo. E porque Minhas promessas são boas demais para serem verdade. Porque não consegue aceitar a Verdade maior. E por isso tem de contentar-se com uma espiritualidade que ensina medo, dependência e intolerância, em vez de amor, poder e aceitação.

Você está cheio *de medo — e o seu maior medo é de que a Minha maior promessa possa ser a maior mentira da vida. E então cria a maior fantasia que pode para defender-se disso: afirma que qualquer promessa que lhe dá poder e garante o amor de Deus deve ser a* falsa promessa do demônio. *Diz a si mesmo que Deus nunca faria tal promessa, apenas o demônio — para tentá-lo a negar a verdadeira identidade de Deus como uma entidade temível, ciumenta e vingativa, que julga e pune.*

Apesar do fato de que essa descrição se encaixaria melhor na de um demônio (se existisse um), você atribuiu características demoníacas *a Deus para convencer-se a não aceitar as promessas divinas de seu Criador, ou as qualidades divinas do Eu.*

Tamanho é o poder do medo.

Eu estou tentando me livrar do medo. O Senhor me falará novamente — mais — sobre as leis?

A Primeira Lei é que você pode ser, fazer e ter tudo que imaginar. A Segunda Lei é que você atrai aquilo que teme.

Por quê?

A emoção *é a força que atrai. Você experimentará aquilo que teme muito. Um animal — que considera uma forma de vida inferior (embora os animais ajam com mais integridade e coerência do que os seres humanos) — sabe imediatamente se você tem medo dele. As plantas — que considera uma forma de vida ainda mais* inferior *— reagem às pessoas que as amam muito melhor do que às que não se importam com elas.*

Nada disso é coincidência. Não *existe coincidência no Universo — só existe um grande projeto; um incrível "floco de neve".*

Emoção é energia em atividade. Quando você ativa energia, cria efeito. Se ativar energia suficiente, criará matéria. Matéria é energia acumulada. Ativada. Se você manipular energia por tempo suficiente de um determinado modo, obterá matéria. Todos os Mestres conhecem essa lei. É a alquimia do Universo, o segredo de toda vida.

O pensamento é pura energia. Todos os pensamentos que você tem, teve ou terá são criativos. A energia do seu pensamento nunca acaba. Nunca. Deixa a sua essência e a sua mente no Universo, expandindo-se para sempre. Um pensamento é eterno.

Todos os pensamentos se solidificam; encontram outros pensamentos, ziguezagueando em um incrível labirinto de energia, criando uma forma sempre mutante de indescritível beleza e inacreditável complexidade.

Energia similar atrai energia similar — formando (para usar palavras simples) "massas" de energia do tipo similar. Quando "massas" suficientes de energia similar se encontram, "grudam" umas às outras (para usar outro termo simples). É preciso uma quantidade enorme de energia similar para formar matéria. Mas a matéria se formará de pura energia. Na verdade, é o único modo pelo qual pode *formar-se. Quando a energia se torna matéria, continua a ser matéria durante muito tempo — a menos que seja* desintegrada *por uma forma de energia oposta ou dissimilar. Essa energia dissimilar, agindo sobre a matéria, de fato a desintegra, liberando a pura energia da qual era formada.*

Em termos elementares, essa é a teoria por trás da bomba atômica de vocês. Einstein chegou mais perto do que qualquer outro ser humano — antes ou depois dele — de descobrir e explicar o segredo criativo do Universo.

Agora você deveria entender melhor como pessoas de mente similar *podem trabalhar juntas para criar uma realidade ideal. A frase "onde dois ou mais estiverem reunidos em Meu nome" torna-se muito mais significativa.*

É claro que quando sociedades *inteiras pensam de um determinado modo, com muita freqüência acontecem coisas surpreendentes — nem todas necessariamente desejáveis. Por exemplo, uma sociedade que vive sempre com medo — de fato,* inevitavelmente *— produz o que teme mais.*

Da mesma forma, grandes comunidades ou congregações com freqüência encontram um poder milagroso no pensamento combinado (ou no que algumas pessoas chamam de oração comum).

E deve ser deixado claro que até mesmo os indivíduos — se seus pensamentos (suas preces e esperanças, seus desejos, sonhos e medos) forem muitos fortes — podem produzir esses resultados. Jesus fez isso regularmente. Entendeu como manipular energia e matéria, como rearranjá-las, redistribuí-las e controlá-las totalmente. Muitos Mestres sabiam disso. Muitos sabem agora.

Você *pode saber. Neste exato momento.*

Esse é o conhecimento do bem e do mal que Adão e Eva partilharam. Só pôde haver vida como vocês a conhecem *depois que eles compreenderam isso. Adão e Eva — os nomes míticos que vocês deram ao Primeiro Homem e à Primeira Mulher — foram o Pai e a Mãe da experiência humana.*

O que tem sido descrito como a queda de Adão, na verdade foi o seu erguimento — o maior evento isolado na história da humanidade. Porque sem ele, o mundo da relatividade nunca existiria. O ato de Adão e Eva não foi o pecado original. Na verdade, foi a primeira bênção. Vocês deveriam agradecer-lhes do fundo de seus corações — porque sendo os primeiros a fazer a escolha "errada", produziram a possibilidade *de fazer* qualquer escolha.

Em sua mitologia vocês tornaram Eva a "má" — a tentadora que comeu o fruto do conhecimento do bem e do mal — e induziu Adão a fazer o mesmo. Essa mitologia lhes permitiu tornar desde então a mulher a "ruína" do homem, o que resultou em todos os tipos de deturpação da realidade — sem falar nas visões distorcidas do sexo e nas confusões. (Como é possível sentir-se tão bem *com algo tão* ruim*?)*

O que vocês temem mais os perseguirá. O medo os atrairá como um ímã. Todos os seus escritos sagrados — de todas as crenças e tradições religiosas que criaram — contêm a clara advertência: não temeis. Acham que isso é por acaso?

As Leis são muito simples.

1. O pensamento é criativo.

2. O medo atrai como energia.

3. O amor é tudo que existe.

Agora o Senhor me deixou confuso. Como o amor pode ser tudo que existe se o medo atrai como energia?

O amor é a realidade máxima. A única. Tudo. O sentimento do amor é a sua experiência de Deus.

Na Verdade maior, o amor é tudo que existe, existiu e existirá. Quando vocês forem para a esfera do absoluto, irão para a esfera do amor.

A esfera do relativo foi criada para que Eu pudesse experimentar o Meu Eu. Isso já foi explicado, e não torna a esfera do relativo real. *Ela é uma* realidade criada *que Eu e vocês projetamos — para podermos nos conhecer experimentalmente.*

Entretanto, a criação pode parecer muito real. O objetivo *é parecer tão real que nós a aceitamos como verdadeira. Assim, Eu pude criar "algo mais" além de Mim Mesmo (embora em termos exatos isso seja impossível, porque Deus é — EU SOU — Tudo Que É).*

Ao criar "algo mais" — a esfera do relativo — Eu produzi um ambiente em que vocês podem escolher *ser Deus, em vez de simplesmente lhes* dizerem *que são Deus; experimentar a divindade como um ato de criação, em vez de como um conceito, em que a pequena vela sob o Sol — a pequena alma — pode conhecer-se como a luz.*

O medo é o outro extremo *do amor. É a* polaridade primária. *Ao criar a esfera do relativo, Eu criei primeiro o oposto de Mim Mesmo. Agora, na esfera em que vocês vivem no plano físico, há apenas* dois pontos de existência: *o medo e o amor. Os pensamentos baseados no medo produzirão um tipo de manifestação no plano físico, e os baseados no amor produzirão outro.*

Os Mestres que viveram em seu planeta descobriram o segredo do mundo relativo — e se recusaram a reconhecer a sua realidade. Em resumo, os Mestres são aqueles que escolheram apenas o amor. Em todas as situações e em todos os momentos. *Mesmo quando estavam sendo mortos, amavam seus assassinos. Mesmo quando estavam sendo perseguidos, amavam seus opressores.*

É muito difícil para vocês entenderem isso, mais ainda imitar. Mas é o que todos os Mestres sempre fizeram. *Não importa qual seja a filosofia, a tradição ou a religião — é o que* todos os Mestres sempre fizeram.

Esse exemplo e essa lição foram apresentados muito claramente para vocês, inúmeras vezes. Através dos tempos e em todos os lugares. Durante as suas vidas inteiras e em todos os momentos. O Universo usou de todos os meios para mostrar-lhes essa verdade. Em canções e histórias, em poesia e dança, em palavras e movimentos — em figuras móveis, que vocês chamam de filmes, e em conjuntos de palavras, que chamam de livros.

Essa Verdade foi proclamada da montanha mais alta, e seu sussurro foi ouvido no lugar mais baixo. Ecoou nos corredores de toda a experiência humana: *o Amor é a resposta.* Mas vocês não ouviram.

Agora neste livro você Me pergunta novamente o que Eu já lhe disse inúmeras vezes, de inúmeros modos. Porém, Eu lhe direi de novo — aqui — neste *livro. Ouvirá agora? Realmente ouvirá?*

O que você acha que o trouxe a esses escritos? Por que estão em suas mãos? Acha que Eu não sei o que estou fazendo?

Não existem coincidências no Universo.

Eu ouvi o lamento do seu coração. Vi a busca da sua alma. Sei o *quanto você tem desejado a Verdade. Na alegria e na tristeza, clamou por ela. Constantemente, fez súplicas a Mim.* Revele seus motivos para Mim.

Este é o meu trabalho, realizo-o em termos tão claros que você não pode deixar de entender. Em uma linguagem tão simples que não pode ficar confuso. Em um vocabulário tão comum que não pode perder-se no palavreado.

Então vá em frente. Pergunte-Me tudo. Tudo. Eu encontrarei um modo de responder-lhe. Usarei todo o Universo para isso. Portanto, fique alerta; este livro está longe de ser o Meu único instrumento. Você pode fazer uma pergunta e depois colocá-lo de lado. Mas observe.

Esteja atento. A letra da próxima canção que ouvir. As informações no próximo artigo que ler. O roteiro do próximo filme que assistir. As palavras da próxima pessoa que encontrar. Ou o murmúrio do próximo rio, do oceano ou da brisa que acariciar os seus ouvidos — todos esses instrumentos *são Meus; todos esses caminhos estão abertos para Mim. Eu lhe falarei e você Me ouvirá. Eu o procurarei e você Me chamará. Então Eu lhe mostrarei que* sempre *estive presente.* Sempre.

Capítulo 2

"Tu me farás ver os caminhos da vida;
na tua presença há plenitude de alegria,
na tua direita, delícias perpetuamente."
— Salmos 16:11

Eu procurei o caminho para Deus a minha vida inteira...

Sei disso.

...e agora que o encontrei não consigo acreditar. É como se eu estivesse sentado aqui, escrevendo para mim mesmo.

Você está.

Isso não corresponde à minha idéia do que seria uma comunicação com Deus.

Você quer elementos impressivos e supérfluos? Vou ver o que posso arranjar.

O Senhor sabe que algumas pessoas considerarão todo este livro uma blasfêmia. Especialmente se continuar a mostrar-se como alguém tão sábio.

Deixe que Eu lhe explique algo. Você tem essa idéia de que Deus se mostra de um único modo na vida. Ela é muito perigosa.

Impede que veja Deus ao seu redor. Se você achar que Deus tem apenas uma aparência e se manifesta ou é de uma única maneira, deixará de ver a Mim noite e dia. Passará a sua vida inteira procurando por Deus e não A encontrando [a aparência]. Porque está procurando por Ele. *Eu uso isso como um exemplo.*

Foi dito que se você não vê Deus no profano e no sagrado, perde metade da história. Essa é a grande Verdade.

Deus está na alegria e na tristeza, no doce e no amargo. Há um propósito divino por trás de tudo — e, portanto, uma presença divina em *tudo.*

Certa vez eu comecei a escrever um livro intitulado *Deus é um sanduíche de salame.*

Esse teria sido um ótimo livro. Fui Eu que o inspirei. Por que não o escreveu?

Parecia uma blasfêmia. Ou, no mínimo, horrivelmente irreverente.

Você quer dizer maravilhosamente *irreverente! O que lhe deu a idéia de que Deus é apenas "reverente"? Deus é o alto* e *o baixo. O quente* e *o frio. A esquerda* e *a direita. O reverente* e *o irreverente!*

Pensa que Deus não consegue rir? Imagina que não gosta de uma boa piada? Acha que não tem senso de humor? Eu lhe digo, Deus inventou *o humor.*

Você tem de falar Comigo formalmente? As gírias e a linguagem rude estão além da Minha compreensão? Eu lhe digo que pode falar Comigo como falaria com o seu melhor amigo.

Você acha que há uma única palavra que Eu não conheço? Algo que não vi? Um som que não ouvi?

Pensa que desprezo algumas dessas coisas, e gosto de outras? Eu lhe digo que não desprezo coisa alguma. Nada é repulsivo para mim. *Tudo é* vida, *e a* vida é a dádiva; *o tesouro indescritível; o mais sagrado.*

Eu *sou vida, porque Sou o que a vida é. Todos os seus aspectos têm um propósito divino. Nada existe* — nada — *sem um motivo compreendido e aprovado por Mim.*

Como isso é possível? E quanto ao mal que foi criado pelo homem?

Você não pode criar coisa alguma — um pensamento, um objeto, um evento, uma experiência de qualquer tipo — *que não seja parte do plano divino. Porque o Meu plano é que você crie* tudo *que quiser. Nessa liberdade está a experiência de Deus ser Deus — e esta é a experiência* para a qual Eu o criei. *E a própria vida.*

O mal é o que você chama *de mal. Contudo, até mesmo isso Eu amo, porque é apenas através do que você chama de mal que pode conhecer o bem; apenas através do que chama de obra do demônio que pode conhecer e realizar a obra de Deus. Eu não amo o quente mais do que o frio, o alto mais do que o baixo, a esquerda mais do que a direita.* Tudo isso é relativo, *parte* daquilo que é.

Eu não amo o "bem" mais do que o "mal". Hitler foi para o Céu. *Quando compreender isso, compreenderá a Deus.*

Mas eu fui criado para acreditar que o bem e o mal *realmente* existem; que o certo e o errado *são* opostos; que algumas coisas não são "aceitáveis" para Deus.

Tudo é "aceitável" para Deus, pois como Deus poderia não aceitar aquilo que é? Rejeitar uma coisa é negar que ela existe. Dizer que não está certa é dizer que não é parte de Mim — e isso é impossível.

No entanto, mantenha as suas crenças e aja de acordo com os seus valores, porque esses são os valores de seus pais, seus avós, seus amigos e sua sociedade. Eles formam a estrutura de sua vida, e perdê-los seria desfiar o tecido da sua experiência. Ainda assim, examine-os um a um, parte a parte. Não destrua a casa, mas examine cada tijolo, e substitua aqueles que parecem quebrados, que não suportam mais a estrutura.

Suas idéias sobre o certo e o errado são apenas isso — idéias. São os pensamentos que criam e determinam Quem Você É. Haveria apenas um motivo para mudar qualquer um deles: você não estar feliz com Quem é.

Só você pode saber se está feliz, dizer a respeito de sua vida: "Essa é minha criação (meu filho), com que estou muito satisfeito."

Se seus valores servem para você, aja de acordo com eles. Lute para defendê-los.

Porém, procure lutar de um modo que não cause dano a ninguém. O dano não é um componente necessário na cura.

O Senhor diz "aja de acordo com os seus valores", e ao mesmo tempo diz que nossos valores estão todos errados. Ajude-me a entender isso.

Eu não disse que os seus valores estão errados. Mas tampouco estão certos. São simplesmente julgamentos. Avaliações. Decisões que em sua maioria não são tomadas por você, mas por outras pessoas. Talvez seus pais. Sua religião. Seus mestres, historiadores e políticos.

Pouquíssimos julgamentos de valor que você incorporou à sua verdade foram feitos por você mesmo, baseados em sua própria expe-

riência. Porém foi por causa da experiência que você veio para cá — e deveria criar-se a partir de sua experiência. Você *criou a* si mesmo *a partir da experiência dos* outros.

Se o pecado existisse, seria isso: permitir a si mesmo tornar-se o que é a partir da experiência dos outros. *Esse é o "pecado" que todos vocês cometeram. Não esperam as suas próprias experiências, aceitam a experiência dos* outros *como evangelho (literalmente) e então, quando têm pela primeira vez a experiência verdadeira, sobrepõem a ela o que pensam que já sabem.*

Se não fizessem isso, talvez tivessem experiências totalmente diferentes — que poderiam ir contra o que lhes ensinaram seus primeiros mestres e suas outras fontes. Na maioria das vezes, vocês não querem ir contra o que lhes ensinaram seus pais, suas escolas, religiões, tradições e todos os escritos sagrados — por isso negam as suas próprias experiências *a favor do que lhes* disseram para pensar.

Em nenhuma parte isso pode ser melhor ilustrado do que em seu tratamento da sexualidade humana.

Todos sabem que a experiência sexual pode ser a experiência física *mais amorosa, excitante, poderosa, estimulante, renovadora, energizante, positiva, íntima, unitiva e divertida de que os seres humanos são capazes. Apesar de terem descoberto isso experiencialmente, vocês escolheram aceitar os julgamentos, as opiniões e as idéias anteriores sobre o sexo de* outras pessoas — *que têm um interesse oculto em como vocês pensam.*

Esses julgamentos e essas opiniões e idéias contradizem diretamente as suas próprias experiências, mas como vocês relutam em considerar errado o que lhes ensinaram seus mestres, convencem-se de que devem ser as suas experiências que estão erradas. O resultado é que negam a sua própria verdade em relação a esse assunto, com conseqüências devastadoras.

Vocês fizeram o mesmo em relação ao dinheiro. Sempre que tiveram muito dinheiro, sentiram-se bem, recebendo-o e gastando-o. Não havia mal nenhum nisso, nada de inerentemente "errado". Contudo, vocês estavam tão imbuídos dos ensinamentos de outras pessoas *a respeito desse assunto que* rejeitaram *as suas experiências a favor da "verdade".*

Tendo aceito essa "verdade" como sua, formaram pensamentos em torno dela — que são criativos. *Dessa forma, criaram uma realidade pessoal em torno do dinheiro que o afasta de vocês; afinal de contas,* por que *iriam procurar atrair o que não é bom?*

Surpreendentemente, vocês criaram essa mesma contradição no que diz respeito a Deus. Tudo que seus corações experimentam em relação a Deus lhes diz que Ele é bom. Tudo que seus mestres lhes ensinam sobre Deus lhes diz que Ele é mau. Seus corações lhes dizem que Deus deve ser amado sem medo. Seus mestres lhes dizem que Ele deve ser temido, porque é vingativo. Dizem que vocês devem viver temendo o castigo divino, tremendo em Sua presença. Durante todas as suas vidas devem temer o julgamento do Senhor. Porque o Senhor é "justo". E Deus sabe que terão problemas quando enfrentarem a Sua terrível justiça. Portanto, vocês devem "obedecer" às Suas ordens. Ou então...

Em primeiro lugar, vocês não devem fazer perguntas lógicas como "se Deus queria uma obediência cega às Suas Leis, por que criou a possibilidade dessas Leis serem violadas"? Ah, todos os seus mestres lhes dizem — porque Ele queria que vocês tivessem o "livre-arbítrio". No entanto, que tipo de arbítrio é livre quando escolher uma coisa dentre outras leva à condenação? Como o arbítrio é livre quando não é a sua vontade, e sim a de outrem, que deve ser feita? Aqueles que lhes ensinam isso fazem Deus parecer hipócrita.

É dito a vocês que Deus é perdão e compaixão — contudo, se não pedirem esse perdão do "modo certo", se não "procurarem Deus" adequadamente, *suas súplicas não serão ouvidas e atendidas. Isso não seria tão ruim se houvesse apenas um modo adequado, mas há tantos sendo ensinados quanto há mestres para ensiná-los.*

Por isso, a maioria de vocês passa a maior parte da vida adulta procurando o modo "certo" de adorar, obedecer e servir a Deus. A ironia de tudo isso é que Eu não quero a sua adoração, não preciso da sua obediência e não é necessário que sirvam a Mim.

Esses comportamentos são os historicamente exigidos dos súditos pelos monarcas — geralmente egomaníacos, inseguros e tirânicos. Não são de modo algum exigências divinas — e parece notável que até agora o mundo não tenha concluído que são falsas, não tendo nada a ver com as necessidades ou os desejos da Divindade.

A Divindade *não tem necessidades.* Tudo Que É é exatamente isso: tudo que é. Portanto, por definição, não tem necessidades e nem deseja coisa alguma.

Se vocês escolherem acreditar em um Deus que precisa *de alguma coisa — e fica tão ofendido se não a tiver que pune aqueles de quem esperava recebê-la — então terão escolhido acreditar em um Deus muito inferior a Mim. Na verdade, serão Filhos de um Deus Inferior.*

Não, Meus filhos, por favor, deixem-Me afiançar-lhes novamente, através deste livro, que Eu não tenho necessidades. Não exijo coisa alguma.

Isso não significa que não tenho desejos. Desejos *e* necessidades *são coisas diferentes (embora muitos de vocês as tenham igualado em suas vidas atuais).*

O desejo é o começo de toda criação. É o primeiro pensamento, um sentimento profundo dentro da alma. É Deus escolhendo o que criar a seguir.

E qual é o desejo de Deus?

Eu desejo primeiro saber e experimentar Quem Sou, *em toda plenitude — para conhecer Quem Realmente Sou. Antes de criar você — e tudo o que há no Universo — era impossível compreender isso.*

Em segundo, Eu desejo que vocês saibam e experimentem Quem Realmente São, *através do poder que lhes dei de criar e experimentar a si mesmos do modo que escolherem.*

Em terceiro, Eu desejo que todo o processo da vida seja uma experiência de alegria constante, criação contínua, desenvolvimento incessante e satisfação plena em todos os momentos.

Eu criei um sistema perfeito por meio do qual esses desejos podem ser realizados, e estão sendo realizados agora. A única diferença entre vocês e Eu é que Eu sei disso.

No momento de sua conscientização total (que poderia ocorrer a qualquer tempo), vocês também se sentirão como Eu sempre me sinto. Serão totalmente felizes, amorosos, compreensivos, glorificados e gratos. Estas são as Cinco Atitudes *de Deus, e antes de terminarmos este diálogo Eu lhes mostrarei como colocá-las em prática em suas vidas, que então poderão levá-los, e os* levarão, *à Santidade.*

Tudo isso é uma resposta muito longa para uma pergunta muito curta.

Sim, aja de acordo com os seus valores — se descobrir por experiência própria que eles lhe servem. Porém, veja se os valores aos quais você *serve, com seus pensamentos, suas palavras e seus atos, trazem para a sua experiência, a idéia melhor e mais elevada que já teve de si mesmo.*

Examine os seus valores um a um. Traga-os à luz do escrutínio público. Se pode dizer ao mundo sem hesitação quem você é e no que acredita, está feliz consigo mesmo. Não há motivo para estender-se mais neste diálogo Comigo, porque você criou um Eu, e uma vida para *esse Eu, que não precisa de aperfeiçoamento. Você atingiu a perfeição. Ponha este livro de lado.*

Minha vida não é perfeita, e nem está perto de ser. Eu não sou perfeito. Na verdade, sou cheio de defeitos. Desejo — às vezes de todo coração — poder corrigi-los; saber as causas de meus comportamentos, os motivos das minhas desgraças, o que faz com que me desvie do caminho. Por isso procurei o Senhor. Não consegui descobrir as respostas sozinho.

Estou feliz por ter feito isso. Sempre estive aqui para ajudá-lo. Você não tem de descobrir as respostas sozinho. Nunca teve.

Mas isso parece tanta... *presunção*... simplesmente sentar-me e dialogar com o Senhor assim — e imaginar que *Deus* está respondendo — quero dizer, é *loucura*.

Eu entendo. Os autores da Bíblia eram todos sãos, mas você *é louco.*

Os autores da Bíblia foram testemunhas da vida de Cristo, e registraram fielmente o que ouviram e viram.

Correção. A maioria dos autores do Novo Testamento nunca conheceu ou viu Jesus em suas vidas. Eles viveram muitos anos depois que Ele deixou a Terra. Não reconheceriam Jesus de Nazaré se o vissem na rua.

Mas...

Os autores da Bíblia tinham muita fé e eram grandes historiadores. Ouviram as histórias que foram contadas a eles e a seus amigos por pessoas mais velhas — que as tinham ouvido de outras pessoas mais velhas — até finalmente fazerem um registro escrito.

E nem tudo que os autores da Bíblia escreveram foi incluído no documento final.

Os ensinamentos de Jesus já tinham levado ao aparecimento de "igrejas" — e, como acontece sempre que as pessoas se reúnem em grupos formados em torno de uma idéia influente, havia certos indivíduos dentro dessas igrejas, ou desses enclaves, que determinavam que partes da História de Jesus seriam contadas — e como. Esse processo de selecionar continuou durante toda a compilação, a produção literária e a publicação dos evangelhos, e da Bíblia.

Até mesmo vários séculos *depois que os textos sagrados originais foram escritos, um concílio determinava mais uma vez que doutrinas e verdades deviam ser incluídas na Bíblia então oficial — e quais seriam "prejudiciais" ou "prematuras" para se revelar às massas.*

E também houve outros textos sagrados — escritos em momentos de inspiração por homens comuns, que não eram mais loucos do que você.

Está insinuando que *estes* escritos poderiam um dia tornar-se "sagrados"?

Meu filho, tudo na vida é sagrado. *Sendo assim, estes escritos também são. Mas Eu não farei com você um jogo de palavras, porque sei o que quer dizer.*

Não, Eu não estou insinuando que este manuscrito um dia se tornará sagrado. Pelo menos, não antes que se passem séculos, ou que a linguagem se torne obsoleta.

O problema é que a linguagem aqui é muito coloquial e contemporânea. As pessoas presumem que se Deus quisesse falar diretamente com você, não o faria como se fosse o amigo que mora na casa ao lado. A linguagem deveria ter uma estrutura unificadora, senão divinizadora. Uma certa dignidade. Um quê de Santidade.

Como Eu já disse, isso é parte do problema. As pessoas pensam que Deus só "aparece" de uma forma. Tudo que não corresponde a esta forma é visto como blasfêmia.

Como eu já disse.

Como você já disse.

Mas vamos ao âmago da nossa questão. Por que acha loucura conseguir dialogar com Deus? Não acredita na oração?

Sim, mas isso é diferente. Para mim a oração sempre teve um só sentido: Eu peço, e Deus permanece imutável.

Deus nunca respondeu a uma oração?

Ah, sim, mas nunca *verbalmente*. Aconteceram todos os *tipos* de coisas em minha vida que me convenceram de que eram uma resposta — muito direta — à oração. Mas Deus nunca *falou* comigo.

Eu entendo. Então esse Deus em que você acredita pode fazer *qualquer coisa — menos falar.*

É claro que Deus pode falar, se quiser. Só não parece provável que Ele iria querer falar *comigo*.

Essa é a causa de todos os seus problemas na vida — não achar que merece que Deus fale com você.

Como pode esperar ouvir a Minha voz se pensa que não merece que Eu fale com você?

Eu lhe digo que estou fazendo um milagre neste exato momento. Porque não só estou falando com você, como também com todas as pessoas que estão lendo este livro.

Estou falando com todas elas agora. Sei quem são. Sei quem lerá estas palavras — e que (como acontece com todas as Minhas outras comunicações) — algumas dessas pessoas não *ouvirão palavra alguma.*

Bem, isso me faz lembrar de outro fato. Já estou pensando em publicar este material, enquanto está sendo escrito.

Sim. O que há de "errado" nisso?

Não podem dizer que eu estou inventando essa história toda visando lucro? Isso não torna o livro suspeito?

Seu objetivo é escrever algo que o faça ganhar muito dinheiro?

Não. Não é por isso que eu comecei este diálogo. Eu o coloquei no papel porque há 30 anos minha mente é atormentada por perguntas — que eu desejo *desesperadamente* que sejam respondidas. A idéia de transformar tudo isto em um livro veio depois.

Foi Minha.

Sua?

Sim. Não acha que Eu iria deixá-lo desperdiçar todas essas maravilhosas perguntas e respostas, acha?

Eu não tinha pensado nisso. No início, só queria que as perguntas fossem respondidas, que a frustração e a procura terminassem.

Ótimo. Então pare de questionar os seus motivos (você sempre faz isso) e vamos prosseguir.

Capítulo 3

Bem, eu tenho centenas de perguntas. Milhares. *Milhões*. E o problema é que às vezes não sei por onde começar.

Apenas faça uma lista das perguntas, e comece por alguma *delas. Agora vá em frente. Faça uma lista das que lhe ocorrem.*

Algumas parecerão muito simples e bobas.

Pare de fazer julgamentos contra si mesmo. Apenas faça a lista.

Está bem. Aqui estão as perguntas que me ocorrem neste momento:

1. Quando a minha vida finalmente vai melhorar? O que é preciso para eu conseguir ter ao menos um pouco de sucesso? Algum dia a luta vai terminar?
2. Quando eu aprenderei o suficiente sobre os relacionamentos para conseguir que sejam bons? Há algum modo de ser feliz nos relacionamentos? Eles têm de ser sempre difíceis?
3. Por que eu nunca consigo ganhar dinheiro suficiente? Estou destinado a viver sempre com dificuldades financeiras? O que está me impedindo de realizar todo o meu potencial no que diz respeito a isso?

4. Por que eu não posso fazer o que realmente *quero* com a minha vida e ainda assim ganhar dinheiro?

5. Como posso resolver alguns dos meus problemas de saúde? Fui vítima de problemas crônicos suficientes para uma vida inteira. Por que eu estou tendo todos estes agora?

6. Qual é a ligação cármica que devo aprender aqui? O que estou tentando conhecer a fundo?

7. A reencarnação existe? Quantas vidas passadas eu tive? Quem fui nelas? O "débito cármico" é uma realidade?

8. Às vezes eu me sinto muito sensível a forças psíquicas. A "mediunidade" existe? Eu sou médium? As pessoas que afirmam ser médiuns estão "fazendo um pacto com o demônio"?

9. É certo receber dinheiro para praticar o bem? Se eu escolher realizar um trabalho de cura no mundo — o trabalho de Deus — posso realizá-lo e também ficar em boa situação financeira? Ou as duas dádivas são incompatíveis?

10. O sexo é permitido? Qual é a verdadeira história por trás dessa experiência humana? O sexo é apenas para procriação, como dizem algumas religiões? A santidade e a iluminação são conseguidas através da negação — ou transmutação — da energia sexual? É certo ter sexo sem amor? Apenas a sensação física é um motivo válido?

11. Por que o Senhor tornou o sexo uma experiência humana tão boa, surpreendente e intensa se todos nós devemos evitá-la o máximo possível? Eu não compreendo. E por que todas as coisas boas são "imorais, ilegais ou engordam"?

12. Há vida em outros planetas? Temos sido visitados por esses seres? Estamos sendo observados agora? Enquanto vivermos, teremos provas — definitivas e incontestáveis — da vida extraterrestre? Cada forma de vida tem o seu próprio Deus? O Senhor é o Deus de Tudo?

13. A utopia algum dia será possível no planeta Terra? Deus mostrará a Si Mesmo às pessoas da Terra, como prometeu? Haverá uma Segunda Vinda? Haverá um Fim do Mundo — ou um apocalipse, como foi profetizado na Bíblia? Há uma única religião verdadeira? Se houver, qual é?

Essas são apenas algumas das minhas perguntas. Como já disse, tenho muitas mais. Algumas me deixam sem jeito, porque parecem muito bobas. Mas por favor responda-as — uma de cada vez — e vamos "conversar" sobre elas.

Está bem. Vamos fazer isso agora. Não se desculpe por essas perguntas. Elas são feitas por homens e mulheres há séculos. Se fossem tão bobas, não seriam feitas por todas as gerações. Então vamos à primeira pergunta.

Eu coloquei em vigor Leis no Universo que tornam possível você ter — criar — exatamente o que escolher. Essas Leis não podem ser infringidas, e tampouco ignoradas. Você as está seguindo neste momento, mesmo enquanto lê isto. Não pode deixar de segui-las, porque é assim que as coisas funcionam. Não pode desviar-se ou operar fora delas.

Em todos os minutos de sua vida você tem operado dentro *delas — e tudo que já experimentou foi criado por você.*

Você tem uma parceria com Deus. Nós fizemos uma aliança eterna. Eu lhe prometi dar-lhe sempre o que você pedir. Sua promessa é pedir; entender o processo de pedir e ser atendido. Eu já lhe expliquei esse processo uma vez, e o farei de novo, para que possa entendê-lo claramente.

Você é um ser triplo. É formado por corpo, mente *e* espírito. *Também poderia chamá-los de* físico, não-físico *e* metafísico. Isso é a Santíssima Trindade, e tem sido chamada por muitos nomes. *O que você é, Eu sou. Eu Me manifesto como Três-em-Um. Alguns de seus teólogos têm chamado isso de Pai, Filho e Espírito Santo.*

Seus psiquiatras reconheceram esse triunvirato e o chamaram de consciente, subconsciente e superconsciente. (Ver nota da página 46.)

Seus filósofos o chamaram de id, ego e superego.

A ciência chama essa energia de matéria e antimatéria.

Os poetas falam em mente, coração e alma. Os pensadores da Nova Era se referem a corpo, mente e espírito.

Seu tempo é dividido em passado, presente e futuro. Isso não poderia ser o mesmo que subconsciente, consciente e superconsciente?

O espaço é igualmente dividido em três: aqui, lá e o espaço no meio.

O difícil é definir e descrever esse "espaço no meio". No momento em que você começa a defini-lo ou descrevê-lo esse espaço passa a ser "aqui" ou "lá". Contudo, sabemos *da existência do "espaço no meio". É o que mantém o "aqui" e o "lá" no lugar, como o eterno agora mantém o "antes" e o "depois" no lugar.*

Esses três aspectos seus na verdade são três energias. Você poderia chamá-las de pensamento, palavra *e* ação. *Todos os três juntos produzem um* resultado — *que em sua língua e interpretação é chamado de um sentimento, ou uma experiência.*

Sua alma *(subconsciente, id, espírito, passado etc.)* é a soma total de todos os sentimentos que você já teve *(criou). Sua consciência de alguns deles é chamada de memória. Quando você tem uma memória, é dito que se lembra. Isto é, torna a reunir as partes.*

Quando você reunir todas as suas partes, terá se lembrado de Quem Realmente É.

O processo de criação começa com o pensamento — uma idéia, um conceito, uma visualização. Tudo que você vê foi um dia a idéia de alguém. Não existe coisa alguma em seu mundo que não tenha primeiro existido como puro pensamento.

Isso também é verdadeiro no que diz respeito ao Universo.

O pensamento *é o primeiro passo da criação.*

Depois vem a palavra. *Tudo que você diz é um pensamento que foi manifestado. É criativo e espalhu energia criativa no Universo. As palavras são mais dinâmicas (alguns poderiam dizer mais criativas) do que o pensamento, porque são um nível de vibração diferente do pensamento. Atingem (mudam e afetam) o Universo com um maior impacto.*

As palavras são o segundo passo da criação.

O terceiro é a ação.

Ações são palavras em movimento. Palavras são pensamentos manifestados. Pensamentos são idéias formadas. Idéias são energias reunidas. Energias são forças liberadas. Forças são elementos existentes. Elementos são partículas de Deus, a essência de Tudo.

O começo é Deus. O fim é a ação. Ação é Deus criando — ou Deus experimentado.

Seu pensamento em relação a si mesmo é que não é suficientemente bom, admirável ou puro para ser uma parte de Deus, ter uma parceria com Ele. Você negou durante tanto tempo Quem É que acabou se esquecendo.

Isso não ocorreu por acaso. Tudo é parte do plano divino — porque você não poderia afirmar, criar e experimentar Quem É se já o fosse. Primeiro era preciso renunciar à sua ligação Comigo (negá-la, esquecê-la) para experimentá-la plenamente, criando-a inteiramente — fazendo-a surgir. Porque o seu maior desejo — e o Meu — era que você experimentasse a si mesmo como a parte de Mim que é. Portanto, está passando pelo processo de experimentar-se, recriando-se em todos os momentos. Como Eu estou. Através de você.

Está percebendo qual é a parceria? Entende as suas implicações? Essa é uma colaboração sagrada — de fato, uma comunhão sagrada.

Sua vida vai melhorar quando você escolher que seja assim. Ainda não escolheu isso. Procrastinou e protestou. Agora é hora de reconhecer e produzir o que lhe foi prometido. Para isso, deve acreditar na promessa, e viver de acordo com ela. Viver de acordo com a promessa de Deus.

A promessa de Deus é que você é Seu Filho. Seu produto. Sua imagem. Seu igual.

Ah... aqui é que você fica confuso. Pode aceitar "Seu filho", "produto", "imagem", mas não "Seu igual". Isso é bom demais, muita pretensão — muita responsabilidade. *Porque se é* igual *a Deus, isso significa que nada pode ser feito* para *você — e que todas as situações são criadas* por *você.* Não há mais vítimas e nem vilões — *só podem haver resultados de seu pensamento em relação a alguma coisa.*

Eu lhe digo *que tudo que* você vê em seu mundo é o resultado de sua idéia em relação a ele.

Você quer que a sua vida realmente melhore? Então mude a sua idéia em relação a ela e a você. Pense, fale e aja como o Deus que Você é.

É claro que isso o afastará de muitos — da maioria — dos outros homens. Eles dirão que você é louco e blasfema. Eventualmente ficarão fartos de você e tentarão crucificá-lo.

Eles farão isso não porque acham que você está vivendo em um mundo de suas próprias ilusões (alguns homens são suficientemente indulgentes para permitir-lhes ter os seus entretenimentos particulares), mas porque, cedo ou tarde, outros se sentirão atraídos *por sua verdade — pelas promessas que representa para* eles.

É nesse momento que os seus semelhantes interferirão — porque é nesse instante que você começará a tornar-se uma ameaça para eles. Porque a sua verdade simples, sustentada simplesmente, oferecerá mais beleza, paz, alegria, amor por si próprio e pelo próximo do que tudo que seus semelhantes poderiam imaginar.

E essa verdade, aceita, significaria o fim das suas normas de vida. O fim das condenações e dos assassinatos praticados em Meu nome. *O fim da submissão ao poder, da lealdade e do respeito obtidos através do medo. O fim do mundo como eles o conhecem — e como* você *o criou até agora.*

Por isso esteja pronto, homem de bom coração. Porque você será difamado, insultado e abandonado. Finalmente, eles o acusarão, julgarão e condenarão — seguindo as suas próprias normas — quando você aceitar e defender a sua causa sagrada — a realização do Eu.

Então, por que fazer isso?

Porque você não está mais preocupado com a aceitação ou aprovação do mundo. Não está mais satisfeito com o que isso proporcionou a si próprio ou às outras pessoas. Quer pôr fim ao sofrimento e à ilusão. Não deseja mais este mundo como é atualmente, procura um mundo novo.

Não o procure mais. Faça-o surgir agora.

O Senhor pode me ajudar a compreender melhor como fazer isso?

Sim. Primeiro se concentre em seu Pensamento Mais Elevado em relação a si mesmo. Imagine quem seria se vivesse de acordo com esse pensamento todos os dias; o que pensaria, faria e diria, e como reagiria ao que as outras pessoas fariam e diriam.

Você vê alguma diferença entre essa projeção e o que pensa, faz e diz atualmente?

Sim. Vejo muita diferença.

Ótimo. Deveria ver, já que sabemos que atualmente você não está vivendo de acordo com o seu pensamento mais elevado em relação a si mesmo. Agora, tendo visto as diferenças entre onde você está e onde deseja estar, comece a mudar — conscientemente — seus pensamentos, suas palavras e suas ações para corresponder à sua imagem mais grandiosa.

Isso exigirá muito esforço físico e mental, um exame minuto a minuto de todos seus pensamentos, suas palavras e seus atos. Envolverá escolhas constantes, feitas conscientemente. Todo esse processo é uma mudança completa para o nível da consciência. Se aceitar o desafio, descobrirá que passou metade da sua vida inconsciente. *Isto é, sem perceber em um nível consciente* o que você está escolhendo *em termos de pensamentos, palavras e atos, até experimentar as suas conseqüências. Então, quando as experimenta, nega que seus pensamentos, palavras e atos tiveram algo a ver com elas.*

Isso é um convite a parar de viver nessa inconsciência, um desafio que a sua alma o instigou a aceitar desde o início dos tempos.

Esse tipo de exame mental contínuo poderia ser terrivelmente exaustivo.

Sim, até se tornar a sua segunda natureza. De fato, é. Sua primeira natureza é amar incondicionalmente. A segunda é escolher manifestar conscientemente a sua primeira e verdadeira natureza.

Desculpe-me, mas essa crítica constante a tudo que eu penso, digo e faço não me tornaria enfadonho?

Não. Diferente sim, mas nunca enfadonho; Jesus era enfadonho? Eu não acho. Era enfadonho estar na companhia de Buda? Milhares de pessoas imploravam por estar em sua presença. Ninguém que adquire um profundo conhecimento é enfadonho. Talvez seja uma pessoa incomum ou extraordinária, mas nunca é enfadonha.

Então, você quer que a sua vida melhore? Comece imediatamente a imaginá-la do modo que quer que seja — e assimile essa idéia. Examine todos os pensamentos, palavras e atos que não condizem com ela, e rejeite-os.

Quando você tiver um pensamento que não condiz com a sua visão mais elevada, troque-o imediatamente por outro. *Quando fizer algo que não corresponde à sua melhor intenção, decida que é a última vez que o faz. E se puder, retifique o seu erro com quem quer que tenha sido envolvido.*

Eu já ouvi isso antes, mas nunca levei a sério, porque parece muito falso. Quero dizer, se você está muito doente, ou pobre como um mendigo, não tende a admitir isso. Se está extremamente perturbado, não deve demonstrá-lo. O que me faz lembrar de uma piada sobre três pessoas que foram mandadas para o Inferno. Uma delas era um católico, outro um judeu e outra ainda um místico da Nova Era. O demônio disse para o católico, zombeteiramente: "Está gostando do calor?" E o católico choramingou: "Estou oferecendo o meu sofrimento a Deus." O demônio então perguntou ao judeu: "E quanto a você, está gostando do calor?" O judeu respondeu: "O que mais eu poderia esperar além de mais Inferno?" Finalmente, o demônio se aproximou do místico da Nova Era e lhe fez a mesma pergunta. "Calor?", disse ele suando. "Que calor?"

Essa é uma boa piada. Mas eu não estou falando sobre ignorar o problema, ou fingir que não existe. Estou falando sobre dar-se conta da situação e depois dizer a sua verdade mais elevada em relação a ela.

Se você está falido, está falido. Não adianta mentir sobre esse fato, e tentar inventar uma história para não admiti-lo. Contudo, o seu pensamento sobre isso — "Estar falido é ruim", "É horrível", "Eu sou uma pessoa má, porque as pessoas boas que trabalham muito e realmente se esforçam nunca *ficam falidas" etc. — determina como você experimenta a "falência". São as suas palavras — "Estou falido", "Não tenho um centavo", "Estou totalmente sem dinheiro" — que determinam quanto tempo você fica falido. São as suas ações decorrentes desse fato — sentir pena de si mesmo e desânimo, não tentar encontrar uma saída porque "Afinal de contas, de que adianta?" — que criam a sua realidade a longo prazo.*

A primeira verdade a saber sobre o Universo é que nenhuma condição é "boa" ou "má". Apenas é. Por isso, pare de fazer julgamentos de valor.

A segunda verdade é que todas as condições são temporárias. Nada é imutável, nada permanece estático. O modo como uma situação muda depende de você.

Desculpe-me, mas tenho de interromper o Senhor novamente. E quanto à pessoa que está doente, mas tem a fé que moverá montanhas, e por isso pensa, diz e *acredita* que irá melhorar... apenas para morrer seis semanas depois? Como *isso* se encaixa em toda essa história de pensamento positivo e ação afirmativa?

Muito bem. Você está fazendo perguntas ótimas. Não está apenas aceitando a Minha palavra. Chegará a um ponto em que terá *de aceitá-la, porque acabará descobrindo que podemos discutir isso para sempre até não restar outra coisa a fazer além de "aceitá-la ou negá-la". Mas ainda não chegamos a esse ponto. Por isso vamos continuar a conversar.*

A pessoa que tem a "fé para mover montanhas" e morre seis semanas depois, moveu montanhas durante seis semanas que podem ter sido suficientes para ela. Talvez tenha decidido, na última hora do último dia: "Agora basta. Estou pronto para participar de outra aventura." Talvez você não tenha tido conhecimento dessa decisão, porque essa pessoa pode não ter lhe contado. A verdade é que pode tê-la tomado um pouco antes, dias, semanas antes, e não ter contado a você ou a ninguém.

Você criou uma sociedade em que não é muito bem aceito o desejo de morrer, não é bem aceito conformar-se com a morte. Como você não deseja morrer, não pode imaginar que alguém *o deseje, não importa quais sejam as circunstâncias.*

Mas há muitas situações em que a morte é preferível à vida, e Eu sei que você pode imaginar quais são se refletir um pouco. Porém, essas verdades não lhe ocorrem, não são tão evidentes por si mesmas, quando você está olhando no rosto de alguém que está escolhendo morrer. E a pessoa moribunda sabe disso. Na privacidade do seu quarto pode sentir o nível de aceitação no que diz respeito à sua decisão.

Você já se deu conta de quantas pessoas esperam o quarto ficar vazio para morrer? Algumas até mesmo têm de dizer a seus entes queridos: "Agora pode ir. Vá comer alguma coisa." Ou: "Vá dormir um pouco. Estou bem. Eu o verei de manhã." E então, quando o fiel guardião deixa o quarto, a alma deixa o corpo do doente.

Se essas pessoas dissessem a seus parentes e amigos reunidos: "Eu só quero morrer", estes responderiam: "Ah, você não quer realmente dizer isso", "pare de falar assim", "agüente firme" ou "por favor, não me deixe".

Todos os profissionais da área de saúde são treinados para manter as pessoas vivas, em vez de confortáveis para morrerem com dignidade.

Para um médico ou uma enfermeira, a morte é um fracasso. Para um amigo ou parente, é um desastre. Apenas para a alma é um alívio, uma libertação.

Sua maior dádiva para os moribundos é deixá-los morrer em paz, não achar que eles devem "agüentar firme", continuar a sofrer ou preocupar-se com você nessa passagem tão crucial em suas vidas.

O que acontece com muita freqüência no caso do homem que diz e acredita que vai viver — e até mesmo reza para isso — é que, no nível da alma, ele "muda de idéia". Então é hora de deixar o corpo para que a alma fique livre para realizar outras atividades. Quando a alma toma esta decisão, nada que o corpo faz pode mudá-la. É no momento da morte que aprendemos quem, no triunvirato corpo-mente-alma, comanda a vida.

Durante toda a sua existência você acha que é o seu corpo. Parte do tempo acha que é a sua mente. É na hora da morte que você descobre Quem Realmente É.

Há ocasiões em que o corpo e a mente simplesmente não ouvem *a alma. Isso também cria o cenário que você descreve. O mais difícil a fazer é ouvir a própria alma. (Note que poucas pessoas fazem isso.)*

Freqüentemente acontece que a alma toma a decisão de que é hora de deixar o corpo. O corpo e a mente, sempre seus servos, ouvem-na e começa o processo de libertação. Contudo, a mente (o ego) não deseja aceitá-la. Afinal de contas, esse é o fim de sua existência. Então instrui o corpo para resistir à morte, o que o corpo faz com prazer, porque não deseja morrer. O corpo e a mente (o ego) recebem muito incentivo, muitos elogios do mundo exterior, o mundo de sua criação, pelo fato de resistir. Assim, a estratégia é legitimada.

Nesse ponto, tudo depende do quanto a alma deseja partir. Se não houver grande urgência aqui, a alma poderá dizer: "Está bem, você venceu. Ficarei durante mais algum tempo." Mas se estiver muito claro para a alma que ficar não servirá aos seus objetivos mais elevados, que não há mais como evoluir *através do corpo, ela o deixará, e nada irá impedi-la — ou deverá tentar impedi-la.*

Está muito claro para a alma que o seu único *objetivo é a evolução.*

Não está preocupada com os feitos do corpo, ou o desenvolvimento da mente. Nada disso faz sentido para ela.

Também está claro para a alma que deixar o corpo não é uma grande tragédia. De muitos modos, a tragédia é permanecer *nele. Então você tem de compreender que a alma vê a morte de uma maneira diferente. É claro que também vê a vida de uma maneira diferente, e esta é a fonte de grande parte da frustração e ansiedade que as pessoas sentem na vida. A frustração e a ansiedade surgem quando elas não ouvem as suas almas.*

Como posso ouvir melhor a minha alma? Se a alma é realmente o chefe, como posso ter certeza de que receberei os memorandos do seu escritório?

A primeira coisa que você poderia fazer é entender claramente o que a alma está buscando — e parar de julgá-la.

Eu julgo a minha própria alma?

Constantemente. Eu acabei de lhe mostrar como você julga a si mesmo por querer morrer, e também por querer viver — realmente viver. *Julga a si mesmo por querer rir, chorar, ganhar, perder e* especialmente *experimentar felicidade e amor.*

Eu faço isso?

Você tirou de algum lugar a idéia de que se negar *a felicidade* e não *celebrar a vida é devoção a Deus. Diz a si mesmo que a negação é uma virtude.*

Está dizendo que isso é mau?

Não é bom nem mau, é simplesmente negação. Se você se sente bem depois de negar a si mesmo, então em seu mundo isso é bom — se você se sente mal, então é mau. Na maioria das vezes, você não consegue chegar a uma conclusão. Nega-se alguma coisa porque diz a si mesmo que deve negá-la. Então diz que foi bom tê-la negado, mas não sabe porque não se sente bem.

Por esse motivo, a primeira atitude é parar de julgar a si mesmo. Descubra qual é o desejo de sua alma e realize-o. Faça o que a sua alma quer.

O que a alma busca é o sentimento mais nobre de amor que você possa imaginar. Esse é o seu desejo, o seu objetivo. A alma busca o sentimento. Não o conhecimento, que ela já tem, mas o conhecimento é conceitual. O sentimento é empírico. A alma quer sentir a si mesma e, portanto, conhecer-se em sua própria experiência.

O sentimento mais nobre é a experiência de união com Tudo Que É. É o sentimento do amor perfeito.

O amor perfeito é para o sentimento o que o branco perfeito é para a cor. Muitos acham que o branco é a ausência de cor, *mas não é. O branco é a combinação de* todas as cores que existem.

Da mesma forma, o amor não é a ausência de uma emoção (raiva, luxúria, inveja, cobiça). É a soma de todos os sentimentos que existem. O amor é tudo.

Sendo assim, para a alma experimentar o amor perfeito, deve experimentar todos os sentimentos humanos.

Como algo que Eu não compreendo pode despertar a Minha compaixão? Como algo que Eu nunca experimentei pode merecer o Meu perdão? Então nós dois percebemos a simplicidade e a magnitude da jornada da alma. Finalmente compreendemos o seu objetivo:

O objetivo da alma humana é experimentar tudo isso — para poder ser tudo.

Como é possível ser superior sem nunca ter sido inferior, esquerda sem nunca ter sido direita, sensível sem nunca ter sido insensível, boa se isso nega o mal? Obviamente a alma não pode escolher ser alguma coisa se não há o que escolher. *Para a alma experimentar a sua grandeza, deve* saber o que é grandeza. *Não pode saber o que é se* só *há grandeza. E então a alma percebe que a grandeza existe apenas no espaço do que* não é *grandioso. Por isso, nunca condena o que não é grandioso, mas o bendiz — vendo* nisso *uma* parte de si mesma *que* deve existir *para que outra parte possa manifestar-se.*

É claro que a função da alma é fazê-lo escolher a grandeza, o melhor de Quem Você É, sem condenar o que não escolhe.

Essa é uma tarefa difícil, que se prolonga por muitas vidas, porque você tende a julgar, a considerar uma atitude "certa" ou "errada", ou "insuficiente", em vez de bendizer o que não escolhe.

Você faz pior do que condenar — tenta destruir o que não escolhe. Se há uma pessoa ou uma situação com que não concorda, você a critica. Se há uma religião que vai contra a sua, considera-a errada. Se há um pensamento que contradiz o seu, ridiculariza-o. Se há uma idéia diferente da sua, rejeita-a. Você comete um erro, porque cria apenas metade de um Universo. E não consegue ao menos entender a sua *metade quando* rejeita imediatamente *a outra.*

Tudo isso é muito profundo, e eu lhe agradeço por me dizer essas verdades que alguém jamais me disse antes. Pelo menos, não com tanta simplicidade. E eu estou tentando compreender. Realmente estou. Mas às vezes isso é difícil. Por exemplo, o Senhor parece estar dizendo que deveríamos amar o "errado", para podermos conhecer o "certo". Quer dizer que devemos, por assim dizer, aceitar o demônio?

De que outra forma você poderia purificá-lo? É claro que um demônio de verdade não existe, mas Eu lhe respondo na linguagem que você escolheu.

A purificação é o processo de aceitar tudo, e depois escolher o melhor. Você compreende isso? Não pode escolher ser Deus se não há outra opção para escolher.

Espere! O Senhor disse algo sobre escolher *ser* Deus?

O sentimento mais nobre é o amor perfeito, não é?

Sim, eu diria que sim.

E você conhece uma definição melhor de Deus?

Não.

Bem, sua alma busca o sentimento mais nobre. Tenta experimentar — ser — *o amor perfeito.*

Ela é *o amor perfeito* — *e* sabe disso. *No entanto, deseja* mais *do que* saber. *Deseja sê-lo* em sua experiência.

É claro *que você está tentando ser Deus! Acha que estava destinado a ser menos?*

Eu não sei. Não tenho certeza. Acho que nunca pensei dessa forma. Isso parece ser uma blasfêmia.

O curioso é que você não considera uma blasfêmia tentar ser como o demônio...

Espere um minuto! Quem está tentando ser como o demônio?

Você está! Todos *vocês estão! Até mesmo criaram religiões que lhes dizem que nasceram com pecado — que são* pecadores desde o nascimento *— para convencê-los de sua própria perversidade. Porém, se Eu lhes digo que nasceram de Deus — que desde o nascimento são deuses e deusas,* amor puro, *vocês não acreditam.*

Vocês passaram todas as suas vidas se convencendo de que são maus. Não só são maus, como os seus desejos são nocivos — sexo, dinheiro, poder, ter muito de qualquer coisa. *Algumas de suas religiões até mesmo os fazem acreditar que* a dança, a música e a celebração da vida *são nocivas. Logo vocês concordarão em que rir e* amar *é nocivo.*

Não, meu amigo, você pode não ter certeza de muitas coisas, mas de uma tem: é mau, e quase tudo que deseja é nocivo. Tendo feito esse julgamento de si mesmo, decidiu que tem de melhorar.

Está bem, mas preste atenção. De qualquer maneira, o destino é o mesmo — só que há um modo mais rápido, um caminho mais curto para chegar lá.

Qual é?

A aceitação imediata de Quem e O Que Você É, e a demonstração disso.

Foi o que Jesus fez. Esse é o caminho de Buda, de Krishna e de todos os Mestres que surgiram no planeta.

E todos os Mestres transmitiram a mesma mensagem: Você é o que Eu Sou. Pode fazer o que Eu faço, e muito mais.

Mas você não ouviu. Em vez disso, escolheu o caminho bem mais difícil de quem se julga mau, o demônio.

Você diz que é difícil seguir o caminho de Cristo e os ensinamentos de Buda, ter a capacidade mental de Krishna, ser um Mestre. Mas Eu lhe digo que é muito mais difícil negar *do que aceitar Quem Você É.*

Você é bondade, misericórdia, compreensão, paz, alegria e luz. É perdão, paciência, força, coragem, um auxílio em caso de necessidade, um conforto no sofrimento, uma cura para as feridas, um mestre nos momentos de inquietação. É a sabedoria mais profunda e a verdade mais elevada; a maior paz e o amor mais sublime. É tudo isso. E em alguns momentos de sua vida você se conheceu como *essas verdades.*

Escolha agora conhecer-se sempre como elas.

Capítulo 4

Puxa vida! Como o Senhor me inspira!

Bem, se Deus não pudesse inspirá-lo, quem poderia?

O Senhor é sempre tão irreverente?

Eu não pretendi ser. Leia novamente.

Ah, eu entendo.

Sim.

Contudo, não haveria problema se Eu estivesse sendo irreverente, haveria?

Eu não sei. Estou acostumado com o meu Deus sendo um pouco mais sério.

Bem, faça-Me um favor, não tente reprimir-Me. A propósito, faça a si próprio o mesmo favor.

Acontece que Eu tenho um grande senso de humor. E Eu diria que você também precisará ter quando se der conta do que todos vocês fizeram com a vida, não é? Quero dizer, às vezes, Eu só posso rir.

Mas não faz mal, porque sei que no final tudo dará certo.

O que o Senhor quer dizer com isso?

Quero dizer que você não pode perder nesse jogo. Não há como errar. Isso não é parte do plano. Não há como não chegar ao seu destino. Se Deus é o seu alvo, tem sorte, porque Deus é tão grande que você não pode errar.

Esse é o nosso grande medo: de que por alguma razão possamos errar e nunca ver o Senhor, estar com o Senhor.

Você quer dizer "ir para o Céu"?

Sim. Temos medo de ir para o Inferno.

Então vocês se colocaram *no Inferno para evitar* ir para lá. *Hmmmmm. Que estratégia interessante!*

O Senhor está sendo irreverente de novo.

Não posso evitar. Toda essa história de Inferno faz ressaltar o pior de Mim!

Credo! O Senhor é realmente engraçado!

Você demorou esse tempo todo para descobrir isso? *Tem olhado para o mundo ultimamente?*

Isso me faz lembrar de outra pergunta. Por que o Senhor não conserta o mundo, em vez de deixá-lo ir para o Inferno?

Por que você não faz isso?

Eu não tenho esse poder.

Isso é besteira. Você tem o poder e a capacidade de acabar agora mesmo com a fome e as doenças do mundo. E se eu lhe dissesse que os seus próprios médicos impedem as curas, *recusando-se a aprovar tratamentos alternativos porque estes ameaçam a própria estrutura de sua profissão? E se eu lhe dissesse que os governantes do mundo não* querem *acabar com a fome mundial? Você acreditaria em Mim?*

Tenho me preocupado muito com isso. Sei que essa é a opinião popular, mas não posso acreditar que seja verdade. Nenhum médico deseja impedir uma cura. Nenhum homem deseja ver o seu povo morrer.

É verdade, nenhum médico ou homem em particular. *Mas a medicina e a política foram* institucionalizadas, *e são as instituições que se opõem a essas coisas, às vezes de modo muito sutil, até mesmo inconsciente, mas inevitavelmente... porque para elas isso é uma questão de sobrevivência.*

E então, para lhe dar apenas um exemplo muito simples e óbvio, os médicos ocidentais negam as curas realizadas pelos médicos orientais, porque admitir certos tratamentos alternativos seria abalar os alicerces de sua instituição.

Isso não é malévolo, mas é insidioso. Os médicos não o fazem por mal, mas sim porque têm medo.

Todo ataque é um pedido de ajuda.

O Senhor tem uma resposta para tudo!

O que Me faz lembrar que apenas começamos a responder às suas perguntas. Estávamos discutindo como fazer a sua vida melhorar. Eu falava sobre o processo de criação.

E eu o interrompi.

Sim, mas vamos continuar, porque não quero perder o fio da meada de algo que é muito importante.

A vida é uma criação, não uma descoberta.

Você não vive cada dia para descobrir *o que ele lhe trará, mas sim para* criá-lo. *Cria a sua realidade a cada minuto, provavelmente sem saber.*

Eis porque é assim, e como funciona.

1. Eu o criei à Minha imagem e semelhança.

2. Deus é o criador.

3. Você é três-em-um. Pode dar a esses três aspectos do ser o nome que quiser: Pai, Filho e Espírito Santo; mente, corpo e espírito; superconsciente, consciente e subconsciente.

4. A criação é um processo que se origina dessas três partes suas. Em outras palavras, você cria em três níveis. Os instrumentos de criação são: pensamento, palavra e ato.

5. Toda criação começa com o pensamento ("Origina-se do Pai"). Toda criação então passa para a palavra ("Peças e serás atendido"). Toda criação é realizada com um ato ("E o Verbo se fez carne, e habitou entre nós").

6. Aquilo que você pensa, mas nunca expressa em palavras, cria em um nível. Aquilo que você pensa e expressa em palavras cria em outro nível. Aquilo que você pensa, fala e faz *torna-se evidente em sua realidade.*

7. Pensar, falar e fazer algo em que você realmente não acredita é impossível. Por isso, o processo de criação deve incluir crença, ou conhecimento. Isso é fé absoluta. Está além da esperança. É saber com certeza *("Pela tua fé serás curado"). Portanto, a parte ativa da criação sempre inclui o conhecimento. É uma clareza total, uma certeza absoluta,* uma aceitação completa da realidade de algo.

8. Esse ponto de conhecimento é de intensa e incrível gratidão. É uma gratidão antecipada. *E talvez seja a verdade mais importante para a criação: ser grato antecipadamente por ela. Tê-la como certa não só é justificado, como também incentivado. É o* sinal claro da mestria. Todos os Mestres sabem antecipadamente que o ato foi realizado.

9. Aprecie e louve tudo que você cria e já criou. Rejeitar qualquer parte da criação é rejeitar uma parte de si mesmo. Seja o que for que estiver agora se apresentando como parte de sua criação, deve ser reconhecido e louvado. Sinta gratidão pelo que criou. Não o condene ("Maldito seja!"), porque isso seria condenar a si próprio.

10. Se houver algum aspecto da criação de que você não gosta, louve-o e simplesmente mude-o. Escolha novamente. Faça surgir uma nova realidade. Tenha um novo pensamento. Diga uma nova palavra. Faça uma escolha nova. Faça-a magnificamente e o restante do mundo o seguirá. Peça isso. Diga: *"Eu sou a Vida e o Caminho, sigam-me."*

É dessa forma *que se manifesta a vontade do Deus "na Terra como no Céu".*

Se isso é tão simples, se só precisamos desses dez passos, por que não funciona assim para muitos de nós?

Realmente *funciona assim, para todos vocês. Alguns usam o "sistema" conscientemente, e outros inconscientemente, sem ao menos saberem o que estão fazendo.*

Alguns de vocês caminham atentos, e outros como sonâmbulos. Entretanto, todos *vocês criam a sua realidade* — criam, *não* descobrem — *usando o poder que Eu lhes dei, e o processo que acabei de descrever.*

Então, você perguntou quando a sua vida irá melhorar, e eu lhe dei a resposta.

Você faz a sua vida melhorar antes de tudo pensando muito sobre ela. Pense no que quer ser, fazer e ter. Pense com freqüência sobre isso, até ter tudo muito claro em sua mente. Então não pense em mais nada. *Não imagine outras possibilidades.*

Tire os pensamentos negativos de sua mente. Livre-se de todo pessimismo e de todas as dúvidas. Rejeite todos os medos. Discipline a sua mente para fixar-se no pensamento criativo original.

Quando os seus pensamentos forem claros e constantes, comece a falar deles como verdades. Repita-os em voz alta. Use a grande afirmação que faz surgir o poder criativo: Eu sou. Diga isso para as outras pessoas. "Eu sou" é a afirmação criativa mais forte do Universo. Tudo que você pensa ou diz depois das palavras "Eu sou" o faz ter essas experiências. Não há outro modo do Universo saber como funcionar. Não conhece outro caminho a seguir. O Universo reage a "Eu sou" como o faria um gênio em uma lâmpada mágica.

O Senhor diz "livre-se das dúvidas, dos medos e de todo pessimismo" como se estivesse dizendo "pegue para mim um pedaço de pão". Mas é mais fácil dizer do que realizar estes atos. "Livre-se de todos os pensamentos negativos" poderia ser como "suba o Monte Everest depois do almoço". Isso é muito difícil.

Fazer bom uso dos seus pensamentos, exercer controle sobre eles não é tão difícil como poderia parecer. (Como não o é subir o Monte Everest.) É tudo uma questão de disciplina, de deliberação.

O primeiro passo é aprender a examinar os seus pensamentos; pensar sobre *o que está pensando.*

Quando você se der conta de que está tendo pensamentos negativos — pensamentos que negam a sua idéia mais elevada sobre alguma coisa — pense novamente! Quero que faça isso, literalmente. *Se você pensar que está deprimido, em apuros, e não puder advir nada de bom disso,* pense novamente. *Se pensar que o mundo é um lugar ruim, cheio de situações ruins,* pense novamente. *Se achar que a sua vida está sendo perdida, e tiver a impressão de que nunca poderá recuperá-la,* pense novamente.

Você pode aprender a fazer isso. (Veja como aprendeu bem a não fazê-lo!)

Obrigado. Nunca me descreveram esse processo tão claramente.

Eu gostaria que fosse tão fácil fazer isso quanto dizer, mas pelo menos acho que agora entendo.

Bem, se precisar de uma recapitulação, temos várias vidas.

Capítulo 5

Qual é o verdadeiro caminho para Deus? É através da renúncia, como acreditam alguns iogues? E quanto ao que chamam de sofrimento? O sofrimento e o ato de servir são o caminho para Deus, como afirmam muitos filósofos? Conquistamos o direito de ir para o Céu "sendo bons", como pregam tantas religiões? Ou somos livres para fazer o que quisermos, violar ou ignorar qualquer regra, rejeitar as doutrinas tradicionais, satisfazer os próprios desejos e, dessa forma, atingir o Nirvana, como dizem tantos místicos da Nova Era? Qual é o caminho? Padrões morais rígidos ou liberdade total? Valores tradicionais ou agir de acordo com as circunstâncias que se apresentam? Os Dez Mandamentos ou os Sete Passos para a Iluminação?

Você tem uma grande necessidade de que seja um caminho ou outro... não poderiam ser todos eles?

Não sei. Estou perguntando ao Senhor.

Então Eu vou lhe responder do modo que poderá compreender melhor — embora Eu lhe diga agora que a resposta está em seu íntimo. Digo isso para todas as pessoas que ouvem as Minhas palavras e buscam a Minha Verdade.

Para todos os corações que perguntam de boa-fé qual é o caminho, este é mostrado. Venha a Mim pelo caminho de seu coração, não pelo de sua mente. Você nunca Me encontrará em sua mente.

Para conhecer Deus verdadeiramente, você tem de sair de sua mente.

Mas sua pergunta pede uma resposta, e eu não vou decepcioná-lo.

Começarei com uma afirmação que irá surpreendê-lo — e talvez ofenda muitas pessoas. Não existe o que é conhecido como os Dez Mandamentos.

Ah, meu Deus, não?

Não. Em quem Eu iria mandar? Em Mim mesmo? E por que esses mandamentos seriam necessários? Tudo que Eu quero é. N'est pas? *Então por que seria preciso dar ordens a alguém?*

E se eu tivesse dado ordens, elas não seriam automaticamente cumpridas? Como Eu poderia desejar tanto alguma coisa para ordená-la — e depois vê-la não ser realizada?

Que tipo de rei faria isso? Que tipo de governante?

E, no entanto, Eu lhe digo que não Sou um rei ou um governante — Sou simplesmente — e respeitosamente — o Criador. Mas o Criador não governa, apenas continua a criar.

Eu o criei, bendito seja, à Minha imagem e semelhança. Fiz-lhe certas promessas e assumi compromissos com você. Eu lhe disse, em uma linguagem simples, como será quando se tornar um só Comigo.

Você é, como Moisés foi, alguém que busca a verdade. Como você faz agora, ele também ficou diante de Mim, implorando por respostas. "Oh, Deus dos Meus Pais", clamou. "Dignai-vos a mostrar-me. Dai-me um sinal para que eu possa dizer ao meu povo! Como podemos saber que somos os escolhidos?"

E eu fui a Moisés, como fui a você agora, propondo um pacto divino — uma promessa eterna — um compromisso certo. "Como posso ter certeza?", perguntou Moisés tristemente. "Porque Eu lhe disse isso", respondi. "Você tem a Palavra de Deus."

E a Palavra de Deus não foi um mandamento, mas sim um pacto. Portanto, esses são...

OS DEZ COMPROMISSOS

Você saberá que seguiu o caminho para Deus, e que O encontrou, *através destes sinais, destas indicações, destas* mudanças *em sua vida:*

1. Amará a Deus com todo o seu coração, toda a sua mente e toda a sua alma. E não haverá outro Deus além de Mim. Não cultuará mais o amor humano, o sucesso, o dinheiro, o poder ou qualquer um de seus símbolos. Porá essas coisas de lado como uma criança põe de lado brinquedos. Não porque elas não têm valor, mas porque as superou.

E você saberá *que seguiu o caminho para Deus porque:*

2. Não usará o Meu nome em vão. E não me pedirá desejos inúteis. Compreenderá o poder das palavras e dos pensamentos, e não pensará *em invocar o nome de Deus como um herege. Não usará o Meu nome em vão porque não* poderá *fazer isso. Porque o Meu nome — o Poderoso "Eu Sou"* — nunca *é usado em vão (isto é, sem resultado), e* jamais poderá ser. *E quando você tiver encontrado Deus,* saberá.

Eu também lhe darei estes outros sinais:

3. Você se lembrará de guardar um dia para Mim — o sábado — e o considerará santificado. Isso para que não continue com a sua ilusão, mas se lembre de quem e do que você é. E então logo considerará todos *os dias e* todos *os momentos santificados.*

4. Honrará sua mãe e seu pai, e saberá *que é Filho de Deus quando honrar seu Pai/sua Mãe Deus em tudo que disser, fizer ou pensar. E ao honrar a Mãe/o Pai Deus, e seu pai e sua mãe na Terra (porque eles lhes deram a* vida*), honrará* todas as pessoas.

5. Você sabe *que encontrou Deus ao observar que não matará (isto é, propositadamente, sem motivo). Porque quando você entender que de qualquer modo não pode pôr* fim *à vida (toda vida é eterna), não escolherá pôr fim a uma determinada encarnação, ou mudar qualquer energia vital de uma forma para outra, sem a justificativa mais sagrada. Seu* novo *respeito pela vida o fará honrar* todas *as formas de vida — inclusive as plantas, as árvores e os animais — e exercer influência sobre eles de alguma forma apenas quando isso for absolutamente necessário.*

E Eu também lhe enviarei estes outros sinais, para que saiba que está no caminho:

6. Você não maculará a pureza do amor com desonestidade ou traição, porque isso é adultério. Eu lhe prometo que quando encontrar Deus, não o cometerá.

7. Não tomará para si um objeto que não lhe pertence, nem trapaceará ou prejudicará outra pessoa para obtê-lo, porque isso seria furtar. Eu lhe prometo que quando encontrar Deus, não furtará.

E não...

8. Mentirá e, portanto, não dará falso testemunho contra seu próximo.

Também não...

9. Cobiçará a mulher de seu próximo. Por que iria querer a mulher de seu próximo quando sabe que todas *as outras podem ser suas?*

10. Não cobiçará os bens de seu próximo. Por que iria cobiçá-los quando sabe que todos *os bens podem ser seus, e todos os seus bens pertencem ao mundo?*

Você saberá *que encontrou o caminho para Deus quando perceber esses sinais. Porque Eu prometo que quem procurar sinceramente Deus não cometerá mais esses erros. Seria impossível continuar a ter tais comportamentos.*

Essas são as coisas que você tem liberdade *para fazer, não as suas* restrições. *Esses são os meus* compromissos, *não os meus* mandamentos. *Porque Deus não dá ordens ao que criou — apenas diz a Seus filhos: é assim que saberão que estão vindo para o lar.*

Moisés perguntou seriamente: "Como eu posso saber? Dê-me um sinal." Ele fez a mesma pergunta que você faz agora. A mesma que todas as pessoas em todos os lugares têm feito desde o início dos tempos. Minha resposta é igualmente eterna. Mas nunca foi, e nunca será, um mandamento. A quem daria ordens? Quem puniria se Meus mandamentos não fossem cumpridos?

Só Eu existo.

Então eu não tenho de cumprir os Dez Mandamentos para ir para o Céu.

Não existe isso de "ir para o Céu". Só existe um conhecimento de que você já está lá. Existe uma aceitação, uma compreensão, não esforço para ir para o Céu.

Você não pode ir para onde já está. Para fazer isso, teria de sair de onde está, o que iria contra todo o objetivo da jornada.

A ironia é que a maioria das pessoas pensa que tem de sair de onde está para chegar aonde quer. E então essas pessoas saem do Céu para ir para o Céu — e passam pelo Inferno.

A iluminação é saber que não há para onde ir, nada a fazer e ninguém em quem se transformar, exceto exatamente quem é neste momento.

Sua jornada não leva a parte alguma.

O Céu — como você o chama — não está em outro lugar. Está aqui... agora.

Todos dizem isso! Todos dizem isso! O Senhor está me deixando maluco! Se "o Céu está aqui agora", por que não o vejo? Por que não o sinto? E por que o mundo está em tamanha desordem?

Eu entendo a sua frustração. É quase tão frustrante tentar entender tudo isso como tentar fazer outra pessoa entender.

Espere um minuto! Está tentando me dizer que Deus fica frustrado?

Quem você acha que inventou *a frustração? E você imagina que pode experimentar algo que eu não posso?*

Eu lhe digo que todas as experiências que você tem Eu tenho. Não percebe que estou experimentando o meu Eu através de você? Para que mais serviria tudo isso?

Se não fosse por você, Eu não poderia conhecer a Mim Mesmo. Eu o criei para poder saber Quem Eu Sou.

Não tenho a intenção de acabar com todas *as suas ilusões a Meu respeito em um só capítulo; por isso digo-lhe que em Minha forma mais sublime, que você chama de Deus, não experimento frustração.*

Ufa! Que alívio! Por um minuto o Senhor me assustou!

Mas não porque Eu não posso. Simplesmente não escolho experimentar. A propósito, você pode fazer a mesma escolha.

Bem, frustrado ou não, eu ainda queria saber como o Céu pode estar aqui, se eu não o experimento.

Você não pode experimentar o que não conhece. E não sabe que está no "Céu" agora porque nunca o experimentou. Veja bem, isso é um círculo vicioso. Você não pode experimentar — ainda não encontrou um modo de fazer isso — o que não conhece, e não conhece o que não experimentou.

O que a Iluminação o convida a fazer é conhecer algo que não vivenciou, e, portanto, experimentá-lo. O conhecimento abre a porta para a experiência — e você imagina que ela é de outra forma.

Na verdade, você sabe muito mais do que provou. Simplesmente não sabe que sabe.

Por exemplo, você entende que existe um Deus. Mas pode não perceber que sabe disso. Então fica esperando *pela experiência. E o tempo todo a está* tendo. *Contudo, está vivendo-a sem saber — o que é como não vivê-la.*

Estamos andando em círculos aqui.

Sim, estamos. E em vez de andar em círculos, talvez devêssemos ser o próprio círculo. Este não tem de ser um círculo vicioso. Pode ser um círculo sublime.

A renúncia é uma parte da verdadeira vida espiritual?

Sim, porque em última análise todos os Espíritos renunciam ao que não é real, e nada na vida que você tem é real, exceto seu relacionamento Comigo. No entanto, a renúncia em seu sentido clássico não é necessária.

Um verdadeiro Mestre não "renuncia" a algo. Simplesmente o põe de lado, como faria com qualquer objeto que não lhe fosse mais útil.

Há pessoas que dizem que você deve dominar os seus desejos. Eu digo que deve apenas mudá-los. Na primeira vez isso parece ser uma disciplina rigorosa; na segunda, um exercício agradável.

Há pessoas que dizem que para conhecer Deus você deve resistir a todas as paixões terrenas. Todavia, compreendê-las e aceitá-las é o suficiente. Aquilo a que você resiste, perdura. As coisas para as quais olha desaparecem.

As pessoas que realmente tentam resistir a todas as paixões terrenas com freqüência se esforçam tanto para atingir este objetivo que poderia ser dito que isso *se torna a sua paixão. Elas têm uma "paixão" por Deus; um desejo profundo de conhecê-Lo. Mas paixão é paixão, e trocar uma por outra não a exclui.*

Por isso, não julgue as situações pelas quais tem paixão. Simplesmente as observe, e depois veja se são úteis para você, dado quem é e o que deseja ser.

Lembre-se de que está sempre se criando, decidindo quem e o que é. Você decide isso em grande parte através das escolhas que faz quanto a quem ou o que desperta a sua paixão.

Freqüentemente uma pessoa no que você chama de caminho espiritual parece *ter renunciado a todas as paixões terrenas e humanas. O que ela fez foi compreender isso, dar-se conta da ilusão e pôr de lado as paixões que não lhe são úteis — o tempo todo apreciando a ilusão pelo que lhe proporcionou: a chance de ser totalmente livre.*

Paixão é amar, transformar ser em ação. É o combustível da máquina da criação. Transforma conceitos em experiências.

Paixão é o estímulo que nos leva a expressar quem realmente somos. Nunca negue a paixão, porque isso é negar Quem Você É e Quem Realmente Deseja Ser.

Quem renuncia nunca nega a paixão — simplesmente nega a preocupação com os resultados. Paixão é gostar de fazer. Fazer é ser, como experiência. *Contudo, o que é freqüentemente criado como parte do fazer?* Expectativas.

Viver sem expectativas — sem necessidade de resultados específicos — é liberdade, santidade. É como Eu vivo.

O Senhor não se preocupa com os resultados?

Absolutamente não. Eu me alegro com o que crio, não com os resultados. A renúncia não *é uma decisão de negar a ação, mas sim de negar a necessidade de um determinado* resultado. *Há uma grande diferença.*

O Senhor poderia explicar o que quer dizer com a frase: "Paixão é amar, transformar ser em ação?"

O ser é o estado mais elevado da existência. É a mais pura essência. É o aspecto "agora-não agora", "tudo-não tudo", "sempre-nunca" de Deus.

Puro ser é pura divindade.

Porém, nunca foi suficiente para nós apenas sermos. Sempre ansiamos por experimentar *Quem Somos — e isso exige todo um outro aspecto da divindade, chamado de fazer.*

Vamos dizer que você é, na parte central do seu maravilhoso Eu, o aspecto da divindade chamado de amor. (A propósito, essa é a Verdade em relação a você.)

Mas uma coisa é ser *amor — e outra é* fazer algo amoroso. A alma anseia por fazer algo relativo ao que é, para poder conhecer-se experimentalmente. Por isso procura realizar a sua idéia mais elevada através da ação.

Essa ânsia por fazer isso é chamada de paixão. Suprima a paixão e suprimirá Deus. A paixão é Deus querendo dizer "olá".

Mas veja bem, quando Deus (ou Deus-em-você) tem uma atitude amorosa, Ele se realiza, e não precisa de mais nada.

Por outro lado, o homem freqüentemente sente que precisa de um retorno *do seu investimento. Está certo, vamos amar alguém, mas seria melhor recebermos um pouco de amor em troca — esse tipo de afirmação.*

Isso não *é paixão. É* expectativa.

A expectativa é a maior fonte de infelicidade do homem. É o que o separa de Deus.

Quem renuncia tenta acabar com essa separação através da experiência que alguns místicos orientais chamaram de samadhi. *Isto é, ser um só com Deus, uma fusão com a divindade.*

Por conseguinte, ele renuncia aos resultados — *mas nunca à paixão. De fato, o Mestre sabe intuitivamente que aquela paixão é o caminho. É o caminho para a realização pessoal.*

Mesmo em termos terrenos pode ser dito que se você não tem uma paixão por alguma coisa, não tem vida.

O Senhor disse que "aquilo a que você resiste perdura e as coisas para as quais olha, desaparecem". Pode explicar isso?

Você não pode resistir a algo que não admite que é real. O ato de resistir a alguma coisa é o ato de admitir a sua existência. Quando você resiste a ela, torna-a real. Quanto mais resiste, mais a torna real — seja qual for *o objeto de sua resistência.*

Quando você abre os olhos e olha para ele, desaparece. Isto é, perde a sua forma ilusória.

Se você realmente olhar para um determinado objeto, verá através dele, *e de qualquer ilusão que represente para você, deixando apenas à mostra a realidade máxima. Diante da realidade máxima sua pequena ilusão não tem poder. Não pode mais dominá-lo. Você vê a* verdade *em relação a ela, e a verdade o liberta.*

Mas e se eu não *quiser* que o objeto para o qual estou olhando desapareça?

Você deveria sempre *querer! Não há nada em sua realidade a que se agarrar. Mas, se* escolher *a ilusão de sua vida em lugar da realidade máxima, poderá simplesmente* recriá-la — *da mesma forma como a criou. Desse modo, poderá ter em sua vida o que* escolher, *eliminando o que não deseja mais experimentar.*

Porém, nunca resista a coisa alguma. *Se achar que através de sua resistência a eliminará,* pense novamente. *Você só a plantaria mais firmemente no lugar. Eu já não lhe disse que* todo pensamento *é criativo?*

Até mesmo um pensamento a respeito de que não desejo alguma coisa?

Se não a deseja, por que pensar nela? Não lhe dedique um segundo pensamento. Porém, se tiver *de pensar nela, isto é, se não conseguir* não pensar, *não resista a esse pensamento. Em vez disso, olhe* diretamente *para o que quer que seja — aceite a realidade como sua criação — então escolha mantê-la ou não, como desejar.*

O que determinaria essa escolha?

Quem e O Que você acha que É. E Quem e O Que escolhe Ser. Isso determina todas *as escolhas que você já fez e fará em sua vida.*

E então a vida de quem renuncia é um caminho errado?

Isso não é uma verdade. A palavra *"renunciar" tem um significado que não é correto. Na verdade, você* não pode renunciar a coisa alguma — *porque* aquilo a que resiste, perdura. *O verdadeiro renunciante não renuncia, apenas* faz outra escolha. *Isso é um ato de ir em direção a algo, não de afastar-se de algo.*

Você não pode afastar-se de um objetivo, porque ele o perseguirá. Por isso, não resista à tentação, apenas volte-se para Mim, não para algo que é diferente de Mim.

Mas saiba que não há um caminho errado — porque nessa jornada é impossível você "não chegar" em seu destino.

É apenas uma questão de rapidez — de quando *chegará lá — mas até isso é uma ilusão, porque não existe o "quando", "antes" ou "depois". Só existe o agora; um momento eterno em que você se experimenta.*

Então qual é o objetivo da vida, se é impossível *não* "chegar lá"? Por que deveríamos nos preocupar com o que fazemos?

Bem, é claro que não deveriam. *Mas seria bom ficarem atentos — apenas observarem quem são e o que estão fazendo e tendo, para ver se isso lhes serve.*

O objetivo da vida não é chegar em algum lugar — é observar que você está e sempre esteve lá. Está e sempre estará no momento de pura criação. Portanto, o objetivo da vida é criar — quem e o que você é, e depois experimentar isso.

Capítulo 6

E quanto ao sofrimento? É o caminho para Deus? Alguns dizem que é *o único.*

O sofrimento não me agrada, e quem diz isso não Me conhece. O sofrimento é um aspecto desnecessário da experiência humana. Não só é desnecessário, como também é desagradável e nocivo para a saúde.

Então por que existe tanto sofrimento? Por que o Senhor, que *é* Deus, não *acaba* com ele, se o detesta tanto?

Eu já acabei. Vocês simplesmente se recusam a usar os meios que Eu lhes dei para fazerem isso.

O sofrimento não tem nada a ver com os eventos, é apenas a reação das pessoas a eles.

O que está acontecendo é apenas o que está acontecendo. Como vocês reagem a isso é outra questão.

Eu lhes dei os meios para reagir aos eventos de um modo que diminui — de fato, elimina *— o sofrimento, mas vocês não usaram.*

Desculpe-me, mas por que não eliminar os *eventos*?

Essa é uma ótima sugestão. Infelizmente, não tenho controle sobre eles.

O Senhor *não* tem controle sobre os eventos?

É claro que não. Os eventos são ocorrências no tempo e no espaço que você escolhe produzir — e Eu nunca interfiro com as escolhas. Fazer isso seria ignorar o motivo pelo qual Eu o criei. Mas já expliquei tudo isso antes.

Alguns eventos você produz voluntariamente, e outros atrai, de modo mais ou menos inconsciente. Alguns, os grandes desastres naturais se incluem nesta categoria, são atribuídos ao "destino".

Mas até mesmo o "destino" pode ser um acrônimo para "de todos os pensamentos em toda parte". Em outras palavras, a consciência do planeta.*

A "consciência coletiva".

Exatamente.

Há pessoas que dizem que o mundo está se transformando em um Inferno. Nosso meio ambiente está sendo destruído. Nosso planeta está sob a ameaça de um grande desastre geofísico. Terremotos. Vulcões. Talvez até mesmo uma inclinação no eixo da Terra. E há outras que dizem que a consciência coletiva pode mudar tudo isso; que podemos salvar a Terra com os nossos pensamentos.

Os pensamentos transformados em ações. Se um número suficiente de pessoas em toda a parte achar que algo deve ser feito para

* Destino, do inglês *fate*, seria um acrônimo para "*f*or *a*ll *t*houghts *e*verywhere". (N. da T.)

preservar o meio ambiente, a Terra será salva. *Mas elas terão de agir rápido. Tantos danos já foram causados, durante tanto tempo! Isso exigirá uma grande mudança de atitudes.*

O Senhor quer dizer que se não agirmos rápido, *veremos* a Terra — e seus habitantes — serem destruídos?

Eu tornei as leis do Universo físico bastante claras para que todos compreendessem. Há leis de causa e efeito que foram suficientemente descritas em linhas gerais para seus cientistas e médicos e, através deles, para seus líderes mundiais. Essas leis não precisam ser descritas uma vez mais aqui.

Voltando ao sofrimento — de onde tiramos a idéia de que o sofrimento era bom? A idéia de que os santos "sofrem em silêncio"?

Os santos realmente "sofrem em silêncio", mas isso não quer dizer que o sofrimento é bom. Os discípulos na escola do Mestre sofrem em silêncio porque compreendem que o sofrimento não é a vontade de Deus mas, em vez disso, um claro sinal de que ainda há algo a aprender *a esse respeito, a lembrar.*

O verdadeiro *Mestre não sofre em silêncio, apenas parece estar sofrendo sem se queixar. O motivo de não se queixar é que ele* não está sofrendo, *mas apenas experimentando um conjunto de circunstâncias que* você *consideraria insuportável.*

Um Mestre não fala sobre o sofrimento simplesmente porque entende com clareza o poder da Palavra — *e então escolhe* não dizer uma só palavra sobre isso.

Nós tornamos real aquilo a que prestamos atenção. O Mestre tem conhecimento desse fato, e escolhe o que deseja tornar real.

Todos vocês fizeram isso de vez em quando. Não há uma só pessoa que já não tenha feito uma dor de cabeça desaparecer, ou tornado a visita ao dentista menos dolorosa, através de uma decisão nesse sentido.

Um Mestre simplesmente toma a mesma decisão no que diz respeito a situações mais amplas.

Mas por que há o sofrimento? Por que há ao menos a *possibilidade* de sofrimento?

Você não pode saber, e se torna o que é, na ausência do que não é, como Eu já lhe expliquei.

Eu ainda não entendo de onde tiramos a idéia de que o sofrimento era *bom.*

Você mostra que é sensato quando insiste em perguntar isso. O conhecimento original a respeito do que é sofrer em silêncio foi tão deturpado que agora muitos acreditam (e várias religiões de fato pregam) que o sofrimento é bom, *e a alegria é* má. *Portanto, vocês decidiram que se alguém tem câncer, mas se cala a esse respeito, ele é um santo, enquanto que se tem uma sexualidade forte (para escolher um tema polêmico), e a manifesta abertamente, ela é uma pecadora.*

Meu Deus, o Senhor realmente escolheu um tema polêmico! E também mudou habilmente o pronome, do masculino para o feminino. Qual foi a Sua intenção?

Mostrar-lhe os seus preconceitos. Vocês não gostam de pensar nas mulheres como tendo *uma sexualidade forte, muito menos manifestando-a abertamente.*

Prefeririam ver um homem morrendo sem um gemido no campo de batalha do que uma mulher fazendo amor entre gemidos na rua.

O Senhor não?

Eu não faço julgamentos. Mas vocês os fazem, de todos os tipos — e Eu sugiro que são os seus julgamentos que os impedem de sentir alegria, e as suas expectativas que os tornam infelizes.

Tudo isso junto é o que causa mal-estar, e aí começa o seu sofrimento.

Como posso saber que o Senhor está dizendo a verdade? Como posso saber que é Deus quem está falando, e não a minha imaginação muito fértil?

Você já fez esta pergunta. Minha resposta é a mesma. Que diferença isso faz? Mesmo se tudo que Eu disse for "errado", você pode pensar em um modo melhor de viver?

Não.

Então "errado" é certo, e "certo" é errado!

Eu lhe digo isto para ajudá-lo a enfrentar o seu dilema: não acredite em nada *do que Eu falo. Simplesmente viva e experimente isso. Depois viva qualquer outro paradigma que queira criar. A seguir, olhe para a sua* experiência *para descobrir a sua verdade.*

Um dia, se você tiver muita coragem, experimentará um mundo em que fazer amor será considerado melhor do que fazer guerra. Nesse dia, você se rejubilará.

Capítulo 7

A vida é tão assustadora! E tão confusa! Eu gostaria que as verdades pudessem ser mais claras.

Não há nada de assustador na vida, se você não se preocupar com os resultados.

O Senhor quer dizer, se eu não desejar coisa alguma.

É isso mesmo. Escolha, *mas não deseje.*

Isso é fácil para as pessoas que não têm ninguém dependendo delas. E quando se tem mulher e filhos?

O caminho do chefe de família sempre foi muito difícil. Talvez o mais difícil. Como você diz, é fácil "não desejar coisa alguma" quando você é só. É natural, quando há outras pessoas que ama, desejar apenas o melhor para elas.

É duro quando você não pode dar-lhes tudo que deseja. Uma casa bonita, roupas decentes e comida suficiente. Eu me sinto como se lutasse há 20 anos apenas para equilibrar o orçamento. E ainda assim, nada possuo.

Você quer dizer em termos materiais?

Quero dizer em termos apenas das coisas muito simples, básicas, que um homem gostaria de proporcionar à sua esposa e a seus filhos.

Eu entendo. Você considera seu dever proporcionar-lhes essas dádivas. Imagina que esse é o seu objetivo na vida?

Eu não sei se colocaria isso dessa forma. Esse não é o meu objetivo na vida, mas seria bom se pudesse ser pelo menos um subproduto dele.

Bem, então vamos voltar um pouco. Qual você pensa que é o seu objetivo na vida?

Essa é uma boa pergunta. Tive muitas respostas diferentes para ela ao longo dos anos.

Qual é a sua resposta agora?

É como se eu tivesse duas respostas para essa pergunta: a resposta que eu *gostaria* de ter, e a que estou tendo.

Qual a que gostaria de ter?

Eu gostaria que o objetivo da minha vida fosse a evolução da minha alma, expressar e experimentar a parte de mim que aprecio mais — a que me faz ter compaixão, paciência e sabedoria, dar e ajudar, perdoar e... amar.

Parece que você andou lendo este livro!

Sim. É um belo livro, em um nível esotérico, mas estou tentando descobrir como pôr em prática os seus ensinamentos. A resposta para a sua pergunta que eu considero a real em minha vida é que o meu objetivo é a sobrevivência diária.

Ah! E você acha que um fato exclui o outro?

Bem...

Acha que o esotérico exclui a sobrevivência?

A verdade é que eu gostaria de fazer mais do que apenas sobreviver. *Tenho sobrevivido* todos esses anos, e observo que ainda estou aqui. Mas gostaria que a *luta* pela sobrevivência terminasse. Vejo que apenas me arranjar no dia-a-dia ainda é uma luta. Eu gostaria de fazer mais do que apenas sobreviver. Gostaria de *prosperar*.

E o que você diria que é prosperar?

Ter o suficiente para não me preocupar a respeito de onde virá o meu próximo centavo; não ter de me estressar apenas para pagar o aluguel, ou a conta de telefone. Quero dizer, odeio ser tão materialista, mas estamos falando da *vida real* aqui, não da vida espiritual maravilhosa e romântica de que o Senhor descreve em todo este livro.

Estou percebendo um pouco de raiva aqui?

Não é tanto raiva, é mais frustração. Eu me dedico ao plano espiritual há mais de 20 anos, e veja onde isso me levou. Estou à beira da falência! Agora acabei de perder o meu emprego, e parece que o fluxo de caixa parou *novamente*. Estou ficando cansado da luta. Tenho 49 anos e gostaria de um pouco de *segurança* na vida para poder dedicar mais tempo aos "assuntos de Deus", à "evolução" da alma etc. É aí que o meu coração está, mas não é onde a minha vida me permite ir...

Bem, você disse algo muito importante, e acho que falou em nome de muitas pessoas quando partilhou essa experiência.

Vou responder à sua verdade com uma frase de cada vez, para que possamos encontrar facilmente a resposta, e analisá-la.

Você não se dedica ao plano espiritual há 20 anos, mal chegou perto desse plano. (A propósito, isso não é uma crítica, mas apenas uma constatação da verdade.) Eu reconheço que durante duas décadas você o contemplou; entreteve-se *com ele;* experimentou-o *de vez em quando... mas só notei o seu verdadeiro — o mais verdadeiro* — compromisso *com o plano espiritual recentemente.*

Vamos deixar claro que "dedicar-se ao plano espiritual" significa dedicar toda a sua mente, todo o seu corpo e toda a sua alma ao processo de criar-se à imagem e semelhança de Deus.

Esse é o processo de realização pessoal sobre o qual os místicos orientais têm escrito. É o processo de salvação ao qual grande parte da teologia ocidental tem se dedicado.

Esse é um ato de consciência suprema praticado dia a dia, hora a hora e momento a momento. É uma nova escolha a cada instante. Uma criação contínua, consciente, *com um* objetivo. *É usar os meios de criação que já discutimos, com consciência e intenção sublime.*

Isso é *"dedicar-se ao plano espiritual". Agora, há quanto tempo você se dedica a esse plano?*

Ainda nem comecei a me dedicar.

Não vá de um extremo ao outro, e não seja tão duro consigo próprio. Você tem *se dedicado a esse processo — de fato, mais do que imagina. Mas não o faz há 20 anos — ou algo perto disso. Contudo, a verdade é que o tempo aí não importa. Você está se dedicando ao plano espiritual* agora? *Isso é tudo que importa.*

Vamos continuar com a sua frase. Você pede que Eu veja "aonde isso o levou", e se descreve como "à beira da falência". Eu olho para você e vejo uma realidade muito diferente. Vejo uma pessoa que está à beira da riqueza! Você acha que foi recompensado com o esquecimento, e Eu o vejo recompensado com o Nirvana. Mas é claro que muita coisa depende do que você considera como sua "recompensa" — e do objetivo que pretende atingir com o seu trabalho.

Se o objetivo da sua vida é obter o que chama de segurança, Eu entendo por que acha que "está à beira da falência". Entretanto, até mesmo essa avaliação é discutível. Porque a Minha recompensa atrai para você todas *as coisas boas — inclusive a experiência de se sentir seguro no mundo material.*

Minha recompensa — o pagamento que você recebe quando "trabalha" para mim — fornece muito mais do que conforto espiritual. Você também pode ter conforto material. *No entanto, a parte irônica de tudo isso é que, quando você experimenta o tipo de conforto espiritual que o Meu pagamento proporciona, a última coisa com que se preocupará é o conforto material.*

Você não se preocupará mais nem mesmo com o conforto material dos membros da sua família; porque quando atingir um nível de consciência de Deus compreenderá que não é responsável por nenhuma outra alma humana, e que embora seja louvável desejar que todas as almas vivam confortavelmente, cada uma delas deve escolher, está escolhendo, *o seu próprio destino neste momento.*

É claro que não é um ato nobre maltratar ou destruir deliberadamente outra pessoa, é igualmente inadequado ignorar as necessidades daqueles que tornou dependentes de você.

Seu trabalho é torná-los independentes; *ensinar-lhes o mais rapidamente e o melhor possível* como passarem sem você. *Porque você não é uma bênção para eles enquanto é necessário para a sua sobrevivência, mas os abençoa verdadeiramente apenas no momento em que percebem que é desnecessário.*

Do mesmo modo, o melhor momento para Deus é aquele em que você percebe que não precisa de um Deus.

Eu, Eu sei... isso é o oposto de tudo que já lhe ensinaram. Não obstante, seus mestres lhe falaram sobre um Deus rancoroso e ciumento, que precisa se sentir necessário. E esse não é de modo algum um Deus, mas um substituto neurótico para o que seria uma divindade.

O verdadeiro Mestre não é aquele que tem mais discípulos, mas aquele que forma mais Mestres.

O verdadeiro líder não é aquele que tem mais seguidores, mas aquele que forma mais líderes.

O verdadeiro rei não é aquele que tem mais súditos, mas aquele que confere dignidade real a mais pessoas.

O verdadeiro professor não é aquele que tem mais conhecimento, mas aquele que o transmite a mais alunos.

E o verdadeiro Deus não é Aquele que tem mais servos, mas Aquele que serve mais, tornando assim deuses todas as outras pessoas.

Porque o objetivo e a glória de Deus é que os seus servos não sejam mais servos, e que todos saibam que Ele não é inatingível, mas inevitável.

Gostaria que você pudesse compreender isto: que a felicidade do seu destino é inevitável. *Você* não pode deixar de ser "salvo". *Não existe Inferno, a não ser o que provém do desconhecimento desse fato.*

Então agora, como pai, marido e ente querido, tente não tornar o seu amor uma cola que gruda, mas um ímã que a princípio atrai, depois vira ao contrário e repele, para que aqueles que são atraídos não comecem a achar que precisam grudar em você para sobreviver. Nada poderia estar mais longe da verdade. Nada poderia ser mais prejudicial para eles.

Deixe o seu amor impulsionar os seus entes queridos *para o mundo — e para a experiência completa de quem eles são. Dessa forma, você realmente os amará.*

O caminho do chefe de família é um grande desafio. Há muitas distrações, muitas preocupações terrenas. O místico não se preocupa com nada disso. Alguém lhe leva o pão, a água e a humilde esteira onde se deitará. Assim, ele pode dedicar todo o seu tempo à oração, à meditação e à contemplação do divino. Como é fácil ver o divino nessas circunstâncias! Ah, mas dê a um homem esposa e filhos! Veja o divino em um bebê que precisa que lhe troquem as fraldas às três horas da manhã, em uma conta que tem de ser paga no primeiro dia do mês. Reconheça a mão de Deus na doença que tira a vida de uma esposa, no emprego que é perdido, na febre de uma criança, no sofrimento de um pai. Agora estamos falando de santidade.

Eu entendo a sua fadiga. Sei que está cansado da luta. Mas Eu lhe digo que quando Me seguir, a luta terminará. Viva no espaço do seu Deus e todos os eventos se tornarão bênçãos.

Como eu posso viver no espaço do meu Deus quando perdi o meu emprego, o aluguel tem de ser pago, as crianças precisam ir ao dentista e estar em meu espaço filosófico sublime parece o modo menos provável de resolver tudo isso?

Não Me abandone quando precisa mais de Mim. Agora é a hora do seu teste mais difícil, da sua maior chance. É a chance de provar tudo que foi escrito aqui.

Quando Eu digo "não Me abandone", pareço aquele Deus carente e neurótico sobre quem conversamos. Mas não Sou. Você pode "Me abandonar" se quiser. Eu não Me importo, e esse fato não mudará verdade alguma entre nós. Apenas digo isso em resposta às suas perguntas. É quando a vida fica difícil que você freqüentemente se esquece de Quem É, e dos meios *que Eu lhe dei para criar a vida que desejaria.*

Agora é mais do que nunca hora de ir *para o espaço do seu Deus. Em primeiro lugar, isso lhe proporcionará grande paz de espírito — e da mente em paz surgem grandes idéias, que poderiam ser soluções para os maiores problemas que você imagina ter.*

Em segundo, é no espaço do seu Deus que você se realiza, e esse é o objetivo — o único *objetivo — de sua alma.*

Quando você estiver no espaço do seu Deus, saberá e compreenderá que tudo que está experimentando agora é transitório. Eu lhe digo que o Céu e a Terra se extinguirão, mas você não se extinguirá. Essa perspectiva de eternidade o ajuda a ver as coisas com bastante lucidez.

Você pode definir essas condições e circunstâncias atuais como realmente são: temporais e transitórias. Pode então usá-las como meios — porque é isso que são, meios temporais e transitórios — na criação da experiência atual.

Quem você pensa que é? Em relação à experiência de perder um emprego, quem pensa que é? E, talvez mais apropriadamente quem pensa que Eu sou? *Imagina que esse é um problema difícil demais para Eu resolver? Sair dessa enrascada é um milagre grande demais para Eu realizar? Eu entendo que ache que é grande demais para* você *realizar, até mesmo com todos os meios que eu lhe dei — mas realmente acha que é grande demais para Mim?*

Eu sei intelectualmente que nada é impossível para Deus. Mas emocionalmente acho que não tenho certeza. Não de que o Senhor pode realizá-lo, mas de que o *realizará.*

Eu entendo. Então isso é uma questão de fé.

Sim.

Você não questiona a Minha capacidade, apenas o Meu desejo.

O Senhor entende, eu ainda vivo segundo essa teologia que afirma que pode haver uma lição aqui em algum lugar para mim. Ainda não sei ao certo se *devo* encontrar uma solução. Talvez deva ter o *problema.* Talvez esta seja uma daquelas "provas" das quais a minha teologia vive falando. Por isso, temo que o problema possa *não* ser resolvido. Que seja um daqueles que o Senhor vai me deixar enfrentar aqui...

Talvez agora seja uma boa hora para lembrar mais uma vez de como Eu interajo com você, porque você acha que isso depende do Meu desejo, e eu lhe digo que depende do seu.

Eu lhe desejo *o que* você deseja. *Nada mais nada menos do que isso. Não me sento aqui e julgo um a um os seus pedidos, para decidir se devem ser atendidos.*

Minha lei é de causa e efeito, não de Veremos. Você pode ter tudo que escolher. Mesmo antes de pedir, Eu lhe darei. Acredita nisso?

Não. Desculpe-me. Vi muitas orações deixarem de ser atendidas.

Não se desculpe. Apenas fique sempre com a verdade — a verdade da sua experiência. Eu entendo, admiro e aprovo isso.

Ótimo, porque eu *não* acredito que posso ter tudo que pedir. Em minha vida, não tem sido assim. De fato, *raramente* meus pedidos são atendidos. Quando isso acontece, acho que tive uma sorte danada.

Essa é uma escolha de palavras interessante. Parece que você tem uma opção. Em sua vida, pode ter uma sorte danada, ou uma sorte abençoada. Eu preferiria que tivesse uma sorte abençoada, mas é claro que nunca interferirei com as suas decisões.

Eu lhe digo que você sempre *tem aquilo que cria, e está* sempre criando.

Eu não julgo aquilo que você cria, simplesmente lhe dou o poder de criar mais — sempre mais. Se você não gostar do que acabou de criar, escolha novamente. *Meu dever, como Deus, é* dar-lhe sempre essa oportunidade.

Agora você está Me dizendo que nem sempre teve o que quis. Mas Eu estou aqui para lhe dizer que constantemente *teve o que escolheu.*

Sua vida é continuamente um resultado de seus pensamentos em relação a ela — inclusive do seu pensamento obviamente criativo de que raramente tem o que quer.

Agora você se vê como uma vítima da situação de perder o seu emprego. Contudo, a verdade é que não mais escolheu esse emprego. Parou de acordar de manhã antegozando o dia, e começou a acordar com medo. Parou de se sentir feliz com o seu trabalho, e começou a não gostar do que fazia. Até mesmo começou a fantasiar que tinha outra atividade.

Você acha que isso não significa nada? Não entende bem o seu poder. Eu lhe digo que a sua vida resulta das suas intenções em relação a ela.

E qual é a sua intenção agora? Pretende provar a sua teoria de que a vida raramente lhe dá o que quer? Ou pretende mostrar Quem Você Realmente É e Quem Eu Sou?

Eu me sinto envergonhado. Constrangido.

De que adianta isso? Por que simplesmente não reconhece a verdade quando a ouve, e a aceita? Não há necessidade de recriminar-se. Apenas observe o que tem escolhido e escolha novamente.

Mas por que estou sempre pronto para escolher o que é negativo? E por que depois eu me culpo por isso?

O que mais pode esperar? Desde muito cedo lhe foi dito que é "ruim". Você aceita a idéia de que nasceu "com pecado". Sentir-se culpado é uma reação que aprendeu a ter. *Disseram-lhe para sentir-se culpado por atitudes que fez antes mesmo de poder fazer algo. Ensinaram-lhe que devia envergonhar-se por não ter nascido perfeito.*

Esse suposto estado de imperfeição em que é dito que você veio ao mundo é o que a sua religião tem o desplante de chamar de pecado original. E é *pecado original, mas não seu. É o primeiro pecado cometido contra você por um mundo que não sabe coisa alguma sobre Deus e acha que Ele iria, ou* poderia, *criar algo imperfeito.*

Algumas de suas religiões criaram teologias em torno dessa interpretação errônea. E trata-se literalmente *disso: uma* interpretação errônea. Porque tudo que Eu concebo — tudo a que dou vida — é perfeito; um reflexo perfeito da própria perfeição, criada à Minha imagem e semelhança.

Porém, para justificar a idéia de um Deus punitivo, suas religiões precisaram criar algo que Me irritasse, a fim de que até mesmo as pessoas que levam vidas exemplares tenham de ser salvas. Se elas não tiverem de ser salvas de si mesmas, terão de ser de sua própria imperfeição inata. *Então essas religiões dizem que é melhor você tomar alguma providência a esse respeito — ou irá direto para o Inferno.*

No final, isso pode não acalmar um Deus misterioso, vingativo e irascível, mas dá origem a religiões misteriosas, vingativas e irascíveis. Dessa forma, as religiões se perpetuam e o poder é concentrado nas mãos de poucos, em vez de nas mãos de muitos.

É claro *que você escolhe constantemente o pensamento menos importante, a idéia mais insignificante, o pior conceito sobre si mesmo, para não falar sobre Mim.* Aprendeu *a fazer isso*

Meu Deus, como posso anular esse aprendizado?

Essa é uma boa pergunta, feita à pessoa certa!

Pode anulá-lo lendo e relendo este livro. Repetidamente. Até entender todas as passagens, conhecer todas as palavras. Quando você puder citar suas passagens para outras pessoas, lembrar-se de suas frases nos momentos mais difíceis, terá "anulado esse aprendizado".

Mas ainda há tantas perguntas que eu quero fazer ao Senhor, tanto que eu quero saber!

De fato. Você começou com uma lista enorme de perguntas. Vamos voltar a ela?

Capítulo 8

Quando eu aprenderei o suficiente sobre os relacionamentos para conseguir que sejam bons? Há algum modo de ser feliz nos relacionamentos? Eles têm de ser sempre difíceis?

Você não tem de aprender ensinamento algum sobre os relacionamentos. Só tem de demonstrar o que já sabe.

Há um modo de ser feliz nos relacionamentos, e é usá-los para a finalidade que têm, não para a que você quer.

Os relacionamentos são sempre um desafio, levando-o a criar, expressar e experimentar aspectos cada vez mais sublimes, visões cada vez mais amplas e versões cada vez mais maravilhosas de si mesmo. Em nenhuma outra situação você pode fazer isso com um maior impacto, mais imediata e perfeitamente do que nos relacionamentos. De fato, sem os relacionamentos é impossível fazer isso.

É apenas *através dos seus relacionamentos com outras pessoas, lugares e eventos que você pode existir (como uma parte conhecível, algo identificável) no Universo. Lembre-se de que na ausência de tudo o mais, você* não *é. É assim no mundo relativo, ao contrário de no mundo absoluto, onde Eu resido.*

Quando você entender claramente isso, louvará intuitivamente todas as experiências, todos os encontros humanos e especialmente todos os relacionamentos pessoais, porque os considerará constru-

tivos, no sentido mais elevado. Verá que podem, devem e estão *sendo usados (queira você ou não) para construir Quem Você Realmente É.*

Essa construção pode ser uma criação grandiosa e consciente, sua, ou uma configuração estritamente fortuita. Você pode escolher ser uma pessoa que resultou apenas do que aconteceu, ou do que escolheu ser e fazer *em relação ao que aconteceu. É da última forma que a criação do Eu se torna consciente. É na segunda experiência que o Eu se torna realizado.*

Portanto, bendiga todos *os relacionamentos e considere-os especiais, porque determinam Quem Você É — e agora escolhe ser.*

A sua pergunta diz respeito aos relacionamentos humanos individuais do tipo romântico, e Eu entendo isso. Então vou falar específica e detalhadamente sobre os relacionamentos amorosos humanos — que continuam a dar-lhe tanto trabalho!

Quando esses relacionamentos fracassam (na verdade, nunca fracassam, exceto no sentido estritamente humano de não proporcionarem o que você deseja), isso ocorre porque foram formados pelo motivo errado.

(É claro que "errado" é um termo relativo, significando algo avaliado em relação ao que é "certo" — seja o que for! Seria mais correto em sua linguagem dizer que com muita freqüência "os relacionamentos fracassam — mudam — quando são formados por motivos que não favorecem a sua sobrevivência".)

A maioria das pessoas forma relacionamentos de olho no que pode tirar deles, em vez de no que pode colocar neles.

O objetivo de um relacionamento é decidir que parte de si mesmo você gostaria de "revelar", não que parte da outra pessoa pode possuir e dominar.

Só pode haver um objetivo para os relacionamentos — e para toda a vida: *ser e decidir Quem Você Realmente É.*

É muito romântico dizer que você não era "nada" até aquela pessoa especial aparecer, mas isso não é verdade. O pior é que coloca essa pessoa sob uma terrível pressão para ser todos os tipos de coisas que não é.

Sem querer "desapontá-lo", ela tenta ser o que não é até não poder mais. Então deixa de corresponder à imagem que você tem dela. Não pode mais representar os papéis que lhe foram atribuídos. Surge o ressentimento, e a seguir vem a raiva.

Finalmente, para salvar a si mesma (e o relacionamento), essa pessoa especial começa a tentar reaver o seu verdadeiro Eu, agindo mais de acordo com Quem Realmente É. Nesse momento, você diz que ela "mudou".

É muito romântico afirmar que agora que essa pessoa especial entrou em sua vida você se sente completo. Contudo, o objetivo do relacionamento não é ter alguém que possa completá-lo, mas ter alguém com quem você possa partilhar a sua integralidade.

Esse é o paradoxo de todos os relacionamentos humanos. Você não precisa de alguém em particular para experimentar plenamente Quem Você É, e... sem outra pessoa não é nada.

Isso é o mistério, a maravilha, a frustração e a alegria da experiência humana. Exige uma compreensão profunda e uma disposição total de viver dentro desse paradoxo de um modo que faz sentido. Eu observo que muito poucas pessoas fazem isso.

A maioria de vocês forma seus relacionamentos adultos cheios de energia sexual, de coração aberto e uma alma alegre, senão ansiosa.

Entre os 40 e 60 anos (e para a maioria é mais cedo do que tarde) vocês desistem de seu maior sonho, perdem a sua maior esperança e passam a ter a sua pior expectativa — ou a não esperar coisa alguma.

O problema é simples, e ainda assim muito mal compreendido: seu maior sonho, sua idéia mais nobre e sua maior esperança tiveram mais a ver com a pessoa *amada do que com o seu amado* Eu. *O teste dos seus relacionamentos teve a ver com o quanto a outra pessoa vivia bem de acordo com as* suas *idéias, e o quanto você vivia bem de acordo com as idéias* dela. *Mas o único teste verdadeiro tem a ver com o quanto você vive bem de acordo com as* suas *idéias.*

Os relacionamentos são sagrados *porque fornecem a maior oportunidade da vida — de fato, a única — de criar e produzir a* experiência *de sua conceitualização mais elevada do Eu. Os relacionamentos fracassam quando você os vê como a maior oportunidade da vida de criar e produzir a experiência de sua conceitualização mais elevada da* outra pessoa.

Deixe cada pessoa no relacionamento se preocupar com o seu Eu — com o que está sendo, fazendo, tendo, desejando, pedindo, dando, procurando, criando e experimentando, e todos os relacionamentos servirão muito bem ao seu objetivo — e *aos seus participantes!*

Deixe cada pessoa no relacionamento se preocupar não com a outra, mas apenas consigo mesma.

Esse parece ser um ensinamento estranho, porque foi-lhe dito que na forma mais sublime de relacionamento, uma pessoa se preocupa apenas *com a outra. Mas Eu lhe digo que seu enfoque na outra pessoa, sua* obsessão *por ela, é o que faz o relacionamento fracassar.*

O que a outra pessoa está sendo? O que está fazendo? O que está tendo? O que está dizendo? Querendo? Exigindo? O que está pensando? Esperando? Planejando?

O Mestre compreende que não importa *o que a outra pessoa está sendo, fazendo, tendo, dizendo, querendo, exigindo, pensando, esperando e planejando. Só importa o que* você *está sendo* em relação *a isso.*

A pessoa mais amorosa é aquela que é egocêntrica.

Esse *é* um ensinamento radical...

Não se você o observar cuidadosamente. Se você não puder amar a si mesmo, não poderá amar alguém. Muitas pessoas cometem o erro de tentar amar a si mesmas através *do amor por alguém. É claro que elas não percebem que estão fazendo isso. Esse não é um esforço consciente. É o que acontece na mente. Nos recônditos da mente. No que você chama de subconsciente. Elas pensam: "Se eu puder apenas amar outras pessoas, elas me amarão. Então serei digno de amor, e poderei amar a mim mesmo."*

Ocorre o oposto com muitas pessoas que se odeiam porque acham que ninguém as ama. Isso é uma doença — é quando as pessoas estão realmente "doentes de amor", porque a verdade é que elas de fato são amadas. Mas isso não importa. Não importa quantos digam que as amam, isso não basta.

Em primeiro lugar, elas não acreditam em você. Acham que está tentando manipulá-las com algum objetivo. (Como você poderia amá-las pelo que realmente são? Não. Algo deve estar errado. Você deve estar querendo alguma coisa! O que quer?)

Elas tentam descobrir como alguém poderia de fato amá-las. Então não acreditam em você, e tentam fazê-lo provar *o seu amor. Você tem de provar que as ama. Como prova de que as ama, elas podem pedir-lhe para começar a mudar o seu comportamento.*

Em segundo, se elas finalmente chegarem a um ponto em que conseguem *acreditar que você as ama, começarão imediatamente a se perguntar por quanto tempo poderão conservar o seu amor. Então, para conservá-lo, começam a mudar o seu comportamento.*

Por isso, duas pessoas literalmente se perdem em um relacionamento. Elas o formam esperando se encontrar, e em vez disso se perdem.

Essa perda do Eu em um relacionamento é a principal causa da amargura em uniões desse tipo.

Duas pessoas se unem em uma parceria esperando que o todo seja mais do que a soma das partes, apenas para descobrir que é menos. Elas se sentem menos do que quando eram solteiras. Menos capazes, menos excitantes, menos atraentes, menos alegres e menos satisfeitas.

Isso é porque elas são *menos. Deixaram de ser quase tudo que são para estar — e permanecer — no relacionamento.*

O objetivo dos relacionamentos nunca foi esse. Contudo, é assim que eles são experimentados por mais pessoas do que você poderia imaginar.

Por quê? *Por quê?*

Porque as pessoas se esqueceram do objetivo *dos relacionamentos (se é que algum dia souberam qual era).*

Quando uma pessoa deixa de ver a outra como uma alma sagrada em uma jornada sagrada, não pode ver o objetivo, o motivo por trás de todos os relacionamentos.

A alma foi para o corpo, e este ganhou vida, com o objetivo de evolução. Você está evoluindo, tornando-se alguma coisa. *E está usando o seu relacionamento com* tudo *para decidir* o que *está se tornando.*

Foi para realizar esse trabalho que você veio ao mundo. Esta é a alegria de criar e conhecer o Eu, tornar-se conscientemente o que deseja ser. É o que significa ter consciência de si mesmo.

Você levou o seu Eu para o mundo relativo a fim de ter os meios para experimentar Quem Realmente É. Quem Você É é quem você se torna em relação a todo o restante do mundo.

Seus relacionamentos pessoais são os elementos mais importantes nesse processo. Portanto, são sagrados. Não têm praticamente nada a ver com as outras pessoas, porém, como envolvem terceiros, eles têm tudo *a ver com elas.*

Essa é a dicotomia divina. Esse é o círculo fechado. Assim sendo, não é um ensinamento tão radical dizer: "Benditos sejam os egocêntricos, porque eles conhecerão a Deus." Poderia não ser um objetivo tão ruim em sua vida conhecer a parte mais elevada do seu Eu, e permanecer centrado *nela.*

Por isso, o seu primeiro relacionamento deve ser com o seu Eu. Antes de tudo, deve aprender a honrar e amar a si mesmo.

Você deve reconhecer a sua dignidade e santidade antes de reconhecer a dignidade e santidade das outras pessoas.

Se colocar o carro diante dos bois — como a maioria das religiões lhe pede que faça — e reconhecer a santidade de outra pessoa antes da sua, um dia se ressentirá disso. Se há uma coisa que nenhum de vocês pode tolerar é ser superado em santidade. *Todavia, suas religiões os forçam a considerar outras pessoas mais santas do que vocês. E então fazem isso, durante algum tempo. Depois as crucificam.*

Vocês crucificaram (de um modo ou outro) todos os Meus mestres, não apenas Um. E o fizeram não porque eles eram mais santos do que vocês, mas porque imaginaram que eram.

Todos os meus mestres transmitiram a mesma mensagem. Não "Eu sou mais santo do que vocês", mas "Vocês são tão santos quanto eu".

Essa foi a mensagem que vocês não conseguiram ouvir; a verdade que não conseguiram aceitar. E é por isso que nunca conseguem amar verdadeira e puramente uns aos outros. Nunca amaram verdadeiramente e puramente a si mesmos.

E então Eu lhe digo isto: centre-se agora e sempre em seu Eu. Veja o que está sendo, fazendo e tendo em todos os momentos, não o que está acontecendo com as outras pessoas.

Não é na ação das outras pessoas, mas em sua "re-ação", que você encontrará a sua salvação.

Eu sei, mas isso de algum modo nos deixa a impressão de que não deveríamos nos preocupar com o que as outras pessoas nos fazem nos relacionamentos. Elas podem ter qualquer atitude, e desde que mantenhamos o nosso equilíbrio, nos centremos em nós mesmos e consideremos o que é importante, nada poderá nos afetar. Mas as outras pessoas *realmente* nos afetam. Às vezes os seus atos *realmente* nos magoam. É quando surge a mágoa nos relacionamentos que eu não sei o que fazer. É muito fácil dizer "deixe isso para lá, faça com que este fato não signifique coisa alguma para você". Mas eu *realmente* fico magoado com as palavras e os atos das outras pessoas nos relacionamentos.

Chegará o dia em que não ficará. Esse será o dia em que compreenderá — e tornará real — o verdadeiro significado dos relacionamentos; a verdadeira razão de sua existência.

É porque você se esqueceu do que os relacionamentos significam que reage assim. Mas não faz mal. Isso é parte do processo de crescimento, da evolução. É o trabalho da alma que você é capaz de fazer em um relacionamento, contudo isso envolve uma profunda compreensão, uma grande lembrança. Até você se lembrar disso — e então lembre-se também de como usar o relacionamento como um meio de criação do Eu — deve trabalhar no nível em que se encontra. O nível da compreensão, boa vontade e lembrança.

E, por conseguinte, há iniciativas que você pode ter quando reage com sofrimento e magia ao que a outra pessoa está sendo, dizendo ou fazendo. A primeira é admitir honestamente para si mesmo e para ela como está se sentindo. Muitos de vocês têm medo de fazer isso, porque acham que os fará "parecer ruins". Em algum lugar em seu íntimo, você percebe que provavelmente é ridículo "sentir-se assim". Provavel-

mente é uma fraqueza sua. Você está "acima dessas coisas". Mas não pode evitar. *Ainda* se sente assim.

Há apenas uma coisa que você pode fazer: respeitar os seus sentimentos. Porque respeitá-los significa respeitar o seu Eu. E você deve amar ao próximo como ama a si mesmo. Como pode esperar compreender e respeitar os sentimentos do próximo se não respeita os seus?

A primeira pergunta em qualquer processo interativo com outra pessoa é: Quem Eu Sou agora, e Quem Desejo Ser, em relação a isso?

Freqüentemente você só se lembra de Quem É e de Quem Deseja Ser quando experimenta alguns modos de ser. *É por este motivo que é tão importante respeitar os seus sentimentos mais verdadeiros.*

Se o seu primeiro sentimento é negativo, simplesmente tê-lo *é com freqüência tudo que é preciso para evitá-lo. É quando você* tem *aversão, raiva, revolta e vontade de querer "dar o troco" que pode repudiar esses primeiros sentimentos por "não corresponderem a Quem Deseja Ser".*

O Mestre é aquele que já passou por tantas experiências desse tipo que sabe antecipadamente quais serão as suas escolhas finais. Não precisa "experimentar" coisa alguma. Já viu esse filme e não gostou. E como a vida de um Mestre é dedicada à constante realização do Eu como o conhece, *nunca teria esses sentimentos.*

É por esse motivo que os Mestres mantêm a calma diante do que os outros poderiam chamar de calamidade. O Mestre bendiz a calamidade, porque sabe que das sementes do desastre (e de todas as experiências) vem o crescimento do Eu. E o segundo objetivo da vida do Mestre é sempre o crescimento. *Porque quando uma pessoa se realiza plenamente, não lhe resta outra alternativa além de ser mais ainda ela mesma.*

É nesse estágio que a pessoa passa do trabalho da alma para o trabalho de Deus, porque é isso que Eu sou capaz de fazer!

Eu presumirei pelos objetivos desta discussão que você ainda está realizando o trabalho da alma, tentando tornar "real" Quem Realmente É. *A vida lhe dará (Eu lhe darei) muitas oportunidades de criar-se (lembre-se de que a vida não é um processo de descoberta, mas de criação).*

Você pode criar repetidamente Quem É. De fato, o faz todos os dias. Contudo, do modo como a situação está agora, nem sempre tem a mesma reação. Se passar pela mesma experiência externa, um dia você pode escolher ser paciente, amoroso e gentil, e no outro ficar malhumorado e triste.

O Mestre é aquele que sempre tem a mesma reação — *e essa reação é sempre a melhor escolha.*

Nisso o Mestre é totalmente previsível. O discípulo, ao contrário, é totalmente imprevisível. Pode-se dizer como alguém está se saindo no caminho para a mestria observando o quão previsivelmente faz a melhor escolha reagindo a qualquer situação.

É claro que isso leva à pergunta: qual é a melhor escolha?

Eis uma pergunta que foi feita por filósofos e teólogos desde o início dos tempos. Se você deseja realmente saber a resposta, já está a caminho da mestria. *Porque ainda é verdade que a maioria das pessoas continua a se fazer outra pergunta. Não "qual é a melhor escolha?", mas "qual é a mais vantajosa?" ou "como posso perder menos?"*

Quando se vive tendo um ponto de vista de controle de dano ou vantagem máxima, o verdadeiro *benefício da vida é perdido. A oportunidade e a chance são perdidas. Porque uma vida assim é uma vida com medo — e essa vida conta uma mentira a seu respeito.*

Porque você não é medo, é amor. Amor que não precisa de proteção, que não pode ser perdido. No entanto, nunca saberá disso experimentalmente se responder sempre à segunda pergunta e não à primeira. Porque somente uma pessoa que pensa que há algo a ganhar ou perder *faz a segunda pergunta. E somente uma pessoa que vê a vida de um modo diferente, o Eu como um ser mais elevado, que entende que o teste não é ganhar ou perder, mas apenas amar ou apaixonar-se — faz a primeira.*

Quem faz a segunda pergunta diz: "Eu sou o meu corpo." Quem faz a primeira diz: "Eu sou a minha alma."

Sim, deixe que todos que têm ouvidos ouçam. Porque Eu lhe digo que em todos os relacionamentos humanos, no momento crítico há apenas uma pergunta:

O que o amor faria agora?

Nenhuma outra pergunta é significativa ou tem importância para a sua alma.

Agora chegamos a um ponto bastante delicado de interpretação, porque esse princípio de ação patrocinada pelo amor tem sido muito mal compreendido — e é isso que tem levado aos ressentimentos e rancores da vida — que, por sua vez, fizeram tantos se desviarem do caminho.

Durante séculos vocês aprenderam que a ação patrocinada pelo amor surge da escolha de ser, fazer e ter o que é melhor para a outra pessoa.

Não obstante, Eu lhe digo que a melhor escolha é aquela que é melhor para você.

Como ocorre com todas as verdades espirituais profundas, essa afirmação está sujeita a ser mal interpretada. O mistério é em parte esclarecido no momento em que você decide qual é o maior "bem" que pode fazer a si mesmo. E quando a melhor escolha é feita, o mistério desaparece, o círculo se completa e o maior bem para si mesmo torna-se *o maior bem para a outra pessoa.*

Pode ser preciso muito tempo para entender essa verdade — e ainda mais para colocá-la em prática — porque ela está ligada a outra ainda maior: o que você faz por si mesmo, faz pela outra pessoa. O que faz por ela, faz por si mesmo.

Isso ocorre porque vocês são um só.

E porque...

Não há nada além de Você.

Todos os Mestres que pisaram em seu planeta ensinaram isso. ("Em verdade Eu vos declaro: todas as vezes que fizestes isto a um destes Meus irmãos mais pequeninos, foi a Mim mesmo que o fizestes.") Mas para a maioria das pessoas isso continuou a ser apenas uma grande verdade esotérica, com pouca aplicação na prática. *De fato, é a verdade "esotérica" mais aplicável na prática de todos os tempos.*

Nos relacionamentos, é importante lembrar dessa verdade, porque sem ela eles serão muito difíceis.

Vamos voltar às aplicações práticas desse conhecimento e nos afastar, por enquanto, de seu aspecto puramente espiritual e esotérico.

Então, freqüentemente, de acordo com as antigas interpretações, as pessoas — bem-intencionadas, muitas das quais bastante religiosas — fizeram o que pensaram que seria melhor para as outras pessoas em seus relacionamentos. Infelizmente, tudo que isso produziu em muitos casos (na maioria *deles) foram abusos e problemas constantes no relacionamento.*

Em última análise, a pessoa que tenta "fazer o que é certo" para a outra — estar pronta para perdoar, mostrar compaixão e deixar sempre para trás certos problemas e comportamentos passados — torna-se rancorosa e desconfiada, até mesmo de Deus. Como um Deus justo exige esse sofrimento, essa tristeza e esse sacrifício intermináveis mesmo em nome do amor?

A resposta é: Deus não faz isso. Ele só pede que você inclua a si mesmo *entre aqueles que ama.*

Deus vai mais longe. Sugere, recomenda, *que se coloque em primeiro lugar.*

Eu o recomendo sabendo muito bem que alguns de vocês considerarão isso uma blasfêmia e, portanto, não a Minha palavra, e que outros farão o que seria ainda pior: aceitarão isso como a Minha palavra e a interpretarão errado ou distorcerão para servir aos seus próprios objetivos — para justificar atos terríveis.

Eu lhe digo que se colocar em primeiro lugar no sentido mais elevado nunca *leva a um ato terrível.*

Assim sendo, se você se viu praticando um ato terrível como um resultado de ter feito o que era melhor para si próprio, a confusão não foi causada por ter se colocado em primeiro lugar, mas por ter compreendido mal o que era melhor para você.

É claro que determinar o que é melhor para você também exigirá que você determine o que está tentando fazer. Esse é um passo importante que muitas pessoas ignoram. O que pretende fazer? Qual é o seu objetivo na vida? Sem respostas para essas perguntas, a questão do que é "melhor" em uma determinada circunstância continuará a ser um mistério.

Como uma questão prática — deixando novamente de lado o aspecto esotérico —, se pensar no que é melhor para você nas situações em que está sofrendo abusos, no mínimo o que fará é pôr fim ao abuso. E isso será bom para você e para aquele que comete os abusos. Porque até mesmo quem abusa é prejudicado quando lhe é permitido continuar a abusar de você.

Isso não é bom para o abusador, mas sim prejudicial. Porque se ele achar que o seu abuso é aceitável, o que terá aprendido? Mas se ele ver que o seu abuso não será mais aceito, o que lhe terá sido permitido descobrir?

Por isso, tratar as outras pessoas com amor não significa necessariamente deixá-las fazer o que querem.

Os pais aprendem isso desde cedo com os filhos. Os adultos não aprendem tão rápido com outros adultos, como tampouco o aprendem as nações com outras nações.

Contudo, os déspotas não devem fazer o que bem entendem, é preciso pôr fim ao seu despotismo. O amor pelo Eu, e pelo déspota, *exige isso.*

Essa é a resposta para a sua pergunta: "Se o amor é tudo que existe, como o homem pode justificar a guerra?"

Às vezes o homem tem de ir para a guerra para fazer a afirmação mais solene de quem realmente é: um homem que detesta a guerra.

Há ocasiões em que você pode ter de renunciar a Quem É para ser *Quem É.*

Há Mestres que ensinaram: você só pode ter *tudo quando* deseja renunciar a tudo.

Logo, para "ter" a si mesmo como um homem de paz, você pode ter de renunciar à idéia de si mesmo como um homem que nunca vai à guerra. A história tem exigido dos homens esse tipo de decisão.

O mesmo é verdadeiro na maioria dos relacionamentos pessoais. A vida pode exigir mais de uma vez que você prove Quem É demonstrando um aspecto de Quem Não É.

Não é muito difícil entender isso se você já viveu o bastante, embora para os jovens idealistas possa parecer a maior das contradições. Em uma retrospecção mais madura, parece uma dicotomia divina.

Nos relacionamentos, isso não significa que se você está sendo magoado, tem de "dar o troco". (O mesmo pode ser dito nos relacionamentos entre nações.) Simplesmente significa que permitir *que a outra pessoa esteja sempre maltratando-o pode não ser a melhor opção a fazer — por si mesmo ou por ela.*

Isso deveria desmentir algumas teorias pacifistas que afirmam que o amor mais sublime não requer uma reação enérgica ao mal.

A discussão aqui torna-se novamente esotérica, porque nenhum estudo sério dessa afirmação pode ignorar a palavra "mal", e os julgamentos de valor em que implica. Na verdade, o mal não existe, o que existe são apenas fenômenos objetivos e experiências. O seu próprio objetivo na vida exige que você escolha de um conjunto infinito de fenômenos alguns que considera maus — porque se não o fizer, não poderá considerar a si mesmo ou a nada bom — e portanto não poderá conhecer, ou criar, o seu Eu.

Você se define através do que considera mau, e bom.

Por isso, o maior mal seria não considerar nada mau.

Nessa vida, você existe no mundo relativo, onde uma coisa só pode existir na medida em que se relaciona com outra. É ao mesmo tempo a função e o objetivo do relacionamento fornecer um campo de experiência dentro do qual você se encontra, se define e — se escolher — constantemente recria Quem É.

Escolher ser como Deus não significa escolher ser um mártir. E certamente não significa escolher ser uma vítima.

Em seu caminho para a mestria — quando todas as possibilidades de ofensas, danos e perdas são eliminadas — seria bom reconhecer as ofensas, os danos e as perdas como parte da sua experiência, e decidir Quem Você É em relação a tudo isso.

Todavia, em algumas ocasiões as coisas que as pessoas pensam, dizem ou fazem irão magoá-lo *— até não o magoarem mais. O que o levará mais rapidamente de um ponto ao outro é a total sinceridade — o desejo de reconhecer e afirmar exatamente como se sente em relação a algo. Diga a sua verdade — gentil, mas totalmente. Viva-a* *gentil, mas totalmente. Mude a sua verdade de maneira fácil e rápida quando a sua experiência lhe proporcionar uma nova lucidez.*

Ninguém em seu juízo perfeito, muito menos Deus, lhe diria, quando você está magoado em um relacionamento, "deixe isso para lá, faça com que não tenha significado algum para você". Se está magoado, *é muito tarde para fazer com que não signifique coisa alguma. Sua tarefa agora é decidir o que* realmente *significa — e demonstrá-lo. Porque fazendo isso, você escolhe e se torna Quem Tenta Ser.*

Então o ser humano *não* tem de ser a esposa sofredora, o marido desprezado ou vítima de seus relacionamentos, para torná-los sagrados, ou agradar a Deus.

Céus! É claro que não!

E *não* tem de suportar ataques à sua dignidade e ao seu orgulho, danos à sua psique e mágoas em seu coração para dizer que "deu o melhor de si" nos relacionamentos, "fez o seu dever" ou "cumpriu as suas obrigações" aos olhos de Deus e do mundo.

Nem por um minuto.

Então eu imploro ao Senhor que me diga — que promessas e pactos eu deveria fazer em um relacionamento? Quais são as obrigações em que os relacionamentos implicam? Que diretrizes eu deveria seguir?

A resposta é a que você não pode ouvir — porque o deixa sem diretrizes e torna nulos todos os pactos no momento em que os faz. A resposta é: você não *tem qualquer obrigação — nos relacionamentos e na vida.*

Não?

Não. Não tem restrições, limites, diretrizes ou regras. Tampouco está preso a circunstâncias ou situações, ou tem de seguir qualquer lei. Não pode ser punido por ofensas, como também não pode cometê-las — porque nada é "ofensivo" aos olhos de Deus.

Eu já ouvi isso antes — esse tipo de religião que afirma que "não existem regras". Trata-se de anarquia espiritual. Não vejo como pode dar certo.

Não há como não dar certo *se você se entregar à tarefa de criar o seu Eu. Se, por outro lado, realizar a tarefa de tentar ser o que* outra pessoa *quer que seja, a ausência de regras ou diretrizes poderia de fato tornar a situação difícil.*

No entanto, a mente pensante deseja desesperadamente perguntar: Se Deus deseja que eu seja de um determinado modo, por que simplesmente não me criou como queria que eu fosse? *Por que toda essa luta para "deixar de ser" quem eu sou para ser como Deus quer que eu seja? É o que a mente deseja saber — e com razão, porque é uma boa pergunta.*

Os fanáticos religiosos gostariam que você acreditasse que Eu o criei inferior a Quem Sou para ter a chance de tornar-se *como Eu Sou, contra todas as probabilidades — e, Eu poderia acrescentar,* contra todas as tendências naturais com as quais julga-se que Eu o criei.

Entre essas chamadas tendências naturais está a tendência a pecar. Foi-lhe ensinado que nasceu *e morrerá com pecado, que pecar é a sua* natureza.

Uma de suas religiões até mesmo lhe ensina que você não pode fazer nada em relação a isso. *Suas próprias ações são irrelevantes e sem sentido. É arrogância achar que através de uma ação sua pode "ir para o Céu". Há apenas um modo de ir para o Céu (salvar-se): pela graça concedida por seu Deus através da aceitação de Seu Filho como mensageiro.*

Só então você será "salvo". Até lá, nada que faça — nem a vida que leva, suas escolhas ou o que realiza por sua própria vontade em um esforço para melhorar ou mostrar o seu valor — tem qualquer efeito ou influência. Você é incapaz *de mostrar o seu valor, porque é inerentemente sem valor. Foi* criado *assim.*

Por quê? Só Deus sabe. Talvez Ele tenha cometido um erro. Talvez tenha vontade de voltar atrás. Mas é assim que é. O que fazer?

O Senhor está zombando de mim.

Não. Vocês é que estão zombando de Mim. *Dizem que Eu, Deus, fiz seres inerentemente imperfeitos, depois exigi que fossem perfeitos, para não serem condenados.*

Estão dizendo que, milhares de anos depois da criação do mundo, Eu me tornei menos severo e disse que dali em diante vocês não teriam necessariamente de ser bons, teriam apenas de se sentir mal quando não o estivessem sendo, e aceitar como seu Salvador o Único Ser que podia ser sempre *perfeito, satisfazendo assim à Minha ânsia por perfeição. Vocês dizem que Meu Filho — o Único Perfeito — os salvou de sua própria imperfeição — com que Eu* os criei.

Em outras palavras, o Filho de Deus os salvou do que o Seu Pai fez.

É isso que vocês, muitos de vocês, dizem que eu fiz.

E agora, quem está zombando de quem?

Essa é a segunda vez neste livro que o Senhor parece ter se lançado a um ataque direto ao cristianismo fundamentalista. Eu estou surpreso.

Você escolheu a palavra "ataque". Estou apenas me referindo a esse tema. E a propósito, o tema não é o "cristianismo fundamentalista", como você o chama. É toda a natureza divina, e o relacionamento de Deus com o homem.

A dúvida surge aqui porque estávamos discutindo a questão das obrigações — nos relacionamentos e na vida em si.

Você não consegue acreditar em um relacionamento sem obrigações, porque não consegue aceitar quem e o que realmente é. Chama uma vida de completa liberdade de "anarquia espiritual". Eu a chamo de uma bela promessa divina.

É apenas dentro do contexto dessa promessa que o grande plano de Deus pode ser concluído.

Você não *tem obrigações no relacionamento. Tem apenas oportunidades.*

As oportunidades, não as obrigações, são a base da religião, de toda a espiritualidade. *Enquanto você pensar o contrário, não entenderá isso.*

O relacionamento — o seu relacionamento com todas as coisas — foi criado como seu instrumento perfeito no trabalho da alma. É por este motivo que todos os relacionamentos humanos e pessoais são sagrados.

Nesse ponto, muitas igrejas têm razão. O casamento é um sacramento. Mas não devido às suas obrigações sagradas, mas à oportunidade sem igual que proporciona.

Nunca faça algo em um relacionamento porque acha que é a sua obrigação. Faça-o compreendendo que é uma ótima oportunidade que está tendo de decidir, e ser, Quem Você Realmente É.

Eu entendo isso; contudo, em meus relacionamentos, tenho sempre desistido quando a situação se torna difícil. O resultado é que tive vários deles, embora pensasse, quando era garoto, que teria apenas um. Não pareço saber o que é manter um relacionamento. O Senhor acha que algum dia aprenderei? O que tenho de fazer para aprender?

Você faz parecer que manter um relacionamento significa que foi bem-sucedido. Não confunda longevidade com um trabalho bem-feito. Lembre-se de que o seu trabalho no planeta não é verificar quanto tempo pode permanecer em um relacionamento, mas decidir e experimentar Quem Realmente É.

Isso não é uma defesa dos relacionamentos de curta duração, e tampouco há uma exigência de que os relacionamentos sejam de longa duração.

Embora não haja essa exigência, os de longa duração realmente proporcionam ótimas oportunidades de crescimento mútuo, de expressão e satisfação mútuas *— o que é gratificante.*

Eu sei, eu sei! Quero dizer, sempre suspeitei disso. Então o que faço para que meus relacionamentos sejam de longa duração?

Em primeiro lugar, entre em um relacionamento pelos motivos certos. (Estou usando a palavra "certo" aqui como um termo relativo. Quero dizer "certo" em relação ao seu objetivo maior na vida.)

Como Eu mencionei antes, a maioria das pessoas entra nos relacionamentos pelos motivos "errados" — para pôr fim à solidão, preencher um vazio, ser amadas ou ter alguém para amar — e esses são alguns dos melhores *motivos. Outras o fazem para massagear o ego, acabar com a depressão, melhorar a vida sexual, recuperar-se de um relacionamento anterior ou, acredite ou não, para livrar-se do tédio.*

Nenhum desses motivos trará bons resultados, e a menos que algo mude totalmente ao longo do caminho, o relacionamento também não dará certo.

Eu não entrei em meus relacionamentos por nenhum desses motivos.

Eu não afirmaria isso. Não creio que você saiba porque entrou em seus relacionamentos. Não creio que tenha pensado sobre este assunto dessa forma. Acho que você não entrou em seus relacionamentos com um propósito, mas porque "apaixonou-se".

É isso mesmo.

E Eu não creio que você tenha parado para pensar em por que "apaixonou-se". A que estava reagindo? Que necessidades estavam sendo satisfeitas*?*

Para a maioria das pessoas, o amor é uma reação a necessidades satisfeitas.

Todos têm necessidades. Você precisa disto, e a outra pessoa daquilo. Ambos vêem um no outro uma chance de satisfazerem às suas necessidades. *Por esse motivo, fazem um acordo tácito. Eu lhe darei o que tenho se você me der o que tem.*

Isso é um negócio. Mas vocês não dizem: "Eu lhe pedirei muito." Dizem, "eu o(a) amo muito", e então começa o desapontamento.

O Senhor já disse isso.

Sim, e você já fez isso — mais de uma vez.

Às vezes este livro parece estar caminhando em círculos, sempre se repetindo.

Como a vida.

Touché.

O processo aqui é que você faz as perguntas e Eu apenas as respondo. Quando faz a mesma pergunta de três modos diferentes, sou obrigado a continuar a respondê-la.

Talvez eu espere que o Senhor dê uma resposta diferente. Quando eu lhe pergunto sobre os relacionamentos, há muito romance envolvido. O que há de *errado* em apaixonar-se perdidamente sem ter de *pensar* sobre isso?

Nada. Apaixone-se assim por quantas pessoas quiser. Mas se quiser formar com elas um relacionamento para a vida toda, pode querer acrescentar um pouco de reflexão.

Por outro lado, se gostar de ter muitos relacionamentos — ou pior ainda, se permanecer em um deles porque acha que "tem de fazê-lo", e depois viver em mudo desespero — se gostar de repetir os padrões do seu passado, continue a fazer o que tem feito.

Está certo, está certo. Eu entendi. Puxa vida, o Senhor é implacável, não é?

Esse é o problema com a verdade. É implacável. Não o deixa em paz. Fica cercando-o de todos os lados, mostrando-lhe o que realmente é. Isso pode ser perturbador.

De fato. Por esse motivo, eu quero descobrir os meios de ter um relacionamento de longo prazo — e o Senhor diz que entrar nos relacionamentos com um propósito é um deles.

Sim. Certifique-se de que você e sua companheira concordam a respeito do propósito.

Se ambos concordarem em um nível consciente em que o propósito de seu relacionamento é criar uma oportunidade, não uma obrigação — uma oportunidade de crescimento; de expressão plena de suas personalidades; de realizar todo o potencial de suas vidas; de deixar de lado todos os pensamentos falsos, ou todas as idéias pequenas, que já tiveram sobre si mesmos e de reconciliação definitiva com Deus através da comunhão de suas duas almas — se fizerem este voto em vez dos votos que têm feito até agora — o relacionamento começará muito bem, com o pé direito. E é um ótimo começo.

Ainda assim, não é garantia de sucesso.

Se você deseja garantias na vida, então não deseja a vida. *Deseja repetir um roteiro que já foi escrito.*

Por natureza, a vida não pode *ter garantias, porque isso iria contra todo o seu objetivo.*

Está certo. Eu entendi. Então agora o meu relacionamento está nesse "ótimo começo". Como faço para mantê-lo assim?

Saiba e compreenda que haverá desafios e momentos difíceis.

Não tente evitá-los. Aceite-os com gratidão. Considere-os grandes dádivas de Deus; oportunidades gloriosas de realizar o seu propósito no relacionamento — e na vida.

Nessas ocasiões, tente não ver a sua parceira como o inimigo ou oponente.

De fato, tente não ver ninguém — ou nada — como o inimigo, ou até mesmo o problema. Aperfeiçoe a técnica de ver todos os problemas como oportunidades. Oportunidades de...

...Eu sei, eu sei: "Ser, e decidir, Quem Realmente É!"

É isso mesmo! Você está entendendo!

Essa me parece ser uma vida muito sem graça.

Então sua visão está muito limitada. Amplie os seus horizontes. Veja mais longe. Veja em você e em sua parceira mais do que pensa que há para ser visto.

Você nunca prejudicará o seu relacionamento — ou alguém — vendo nas outras pessoas mais do que elas lhe mostram, porque há sempre mais, muito mais. É apenas o medo que as impede de mostrar-lhe. Se as outras pessoas perceberem que você vê mais nelas, se sentirão seguras para mostrar-lhe o que obviamente já vê.

As pessoas tendem a corresponder às suas expectativas.

Algo assim. Eu não gosto da palavra "expectativas" aqui. As expectativas destroem *os relacionamentos. Digamos que as pessoas tendem a ver em si mesmas o que nós vemos nelas. Quanto maior a nossa visão, maior o seu desejo de descobrir e revelar a parte de si mesmas que* nós lhes mostramos.

Não é assim que todos os relacionamentos verdadeiramente abençoados funcionam? Isso não é parte do processo de purificação — pelo qual damos às pessoas permissão para "livrar-se" de todos os pensamentos falsos que já tiveram sobre si mesmas?

Não é isso que Eu estou fazendo aqui, *neste livro,* para você?

Sim.

E esse é o trabalho de Deus. O trabalho da alma é despertá-lo. O trabalho de Deus é despertar todas as outras pessoas.

Nós fazemos isso vendo-as como Quem São — lembrando-as de Quem São.

Isso pode ser feito de dois modos: lembrando-as de Quem São (o que é muito difícil, porque elas não acreditarão em você), e de Quem Você É (o que é muito mais fácil, porque você não precisa da crença delas, *apenas da sua). Demonstrá-lo constantemente em última análise lembrará as outras pessoas de Quem São, porque elas se verão em você.*

Muitos Mestres foram enviados à Terra para demonstrar a Verdade Eterna. Outros, como João Batista, foram enviados como mensageiros, dizendo a Verdade com veemência e falando sobre Deus com inequívoca clareza.

Esses mensageiros especiais foram dotados de extraordinário insight, *e do poder muito especial de ver e aceitar a Verdade Eterna, além da capacidade de comunicar conceitos complexos de modos que podem ser e serão compreendidos pelas massas.*

Você é um desses mensageiros.

Eu?

Sim. Acredita em Mim?

Isso é algo muito difícil de aceitar. Quero dizer, todos nós queremos ser especiais...

...todos vocês são *especiais...*

...e o ego entra aí — pelo menos *no meu caso* — e tenta fazer com que de algum modo nos sintamos "escolhidos" para uma importante missão. Eu tenho de lutar contra o meu ego o tempo todo, tentar purificar repetidamente todos os meus pensamentos, todas as palavras e todos os atos para deixar o enaltecimento pessoal fora disso. Então é muito difícil ouvir o que o Senhor está dizendo, porque tenho consciência de que massageia o meu ego, e passei toda a minha vida lutando contra o meu ego.

Sei que sim.
E às vezes sem muito sucesso.

Detesto ter de concordar.

Contudo, tratando-se de Deus, você sempre deixou o ego de lado. Muitas noites implorou a Mim por lucidez e insight, *não para valorizar-se ou ser respeitado, mas por uma ânsia pura e simples de* saber.

Sim.

E você Me prometeu, repetidamente, que se viesse a saber passaria o restante de sua vida — todos os momentos em que estivesse desperto — partilhando a Verdade Eterna com o próximo... não por uma necessidade de ser glorificado, mas por um desejo profundo de pôr fim ao sofrimento alheio; de alegrar, ajudar e purificar; de proporcionar novamente ao próximo o sentimento de união com Deus que você sempre teve.

Sim. Sim.

E por isso Eu o escolhi para ser Meu mensageiro. Fiz o mesmo com muitos outros. Por enquanto, e em um futuro próximo, o mundo precisará que soem muitas trombetas. Precisará de muitas vozes pronunciando as palavras de verdade e purificação que milhões de pessoas desejam ouvir; de muitos corações realizando juntos o trabalho da alma, e preparados para realizar o trabalho de Deus.

Você pode afirmar sinceramente que não tem consciência disso?

Não.

Pode negar sinceramente que foi para isso que veio?

Não.

Então está pronto, com este livro, para chegar a uma conclusão sobre a sua Verdade Eterna, anunciá-la e proclamar a Minha glória?

Tenho de colocar tudo isso no livro?

Você não tem *de fazer coisa alguma. Lembre-se de que em* nosso *relacionamento não há obrigações. Há apenas oportunidades. Essa não é a oportunidade pela qual esperou a vida inteira? Não se dedicou — e se preparou — para essa missão desde os* primeiros momentos da juventude?

Sim.

Então não faça o que é obrigado a fazer, mas o que tem uma oportunidade de fazer.

Quanto a colocar tudo isso em seu livro, por que não colocaria? Acha que Eu desejo que você seja um mensageiro secreto?

Acho que não.

É preciso muita coragem para declarar-se um homem de Deus. Você sabe que o mundo o aceitará muito mais rapidamente como tudo — menos um homem de Deus? Um autêntico mensageiro? *Todos os Meus mensageiros foram desonrados. Em vez de terem glória, tudo que conseguiram ter foi uma tristeza profunda.*

Você concorda com isso? Seu coração anseia por dizer a verdade em relação a Mim? Aceita ser ridicularizado? Está preparado para renunciar à glória na Terra a favor da glória maior da alma plenamente realizada?

O Senhor está fazendo tudo parecer subitamente muito difícil.

Acha que Eu deveria enganá-lo?

Bem, poderíamos apenas tornar a situação um pouco mais alegre aqui.

Hei, Eu sou totalmente a favor da alegria! *Por que não terminamos este capítulo com uma anedota?*

Boa idéia! O Senhor tem alguma para contar?

Não, mas você sim. Conte-me aquela sobre a garotinha que estava fazendo um desenho...

Ah, sim! Bem, um dia a mãe entrou na cozinha e encontrou a garotinha sentada à mesa, sobre a qual havia lápis de cor por todos os lados, muito concentrada em um desenho à mão livre que estava fazendo.

— O que está desenhando? — perguntou a mãe.

— Deus — respondeu a garotinha, com os olhos brilhando.

— Ah, está tão lindo! — disse a mãe, tentando ser útil. — Mas ninguém sabe realmente como é Deus.

— Bem — disse entusiasmadamente a garotinha —, se você ao menos me deixar *terminar*...

Essa é uma bela anedota. Você sabe o que é mais belo? A garotinha nunca duvidou *que sabia* exatamente *como Me desenhar!*

Sim.

Agora eu vou lhe contar outra, e com isso terminaremos este capítulo.

Está bem.

Certa vez, existiu um homem que subitamente se viu passando várias horas por semana escrevendo um livro. Todos os dias ele corria para o bloco e a caneta — às vezes no meio da noite — para registrar cada nova inspiração. Finalmente, alguém lhe perguntou o que estava fazendo.

— Ah — respondeu ele —, estou colocando no papel uma longa conversa que estou tendo com Deus.

— Isso é ótimo! — disse o amigo. — Mas ninguém sabe realmente o que Deus diria.

— Bem — disse o homem sorrindo —, se você ao menos me deixar terminar...

Capítulo 9

Você pode achar fácil esse negócio de ser Quem Realmente É, mas trata-se do maior desafio que enfrentará em sua vida. De fato, pode nunca conseguir. Poucas pessoas o conseguem. Não no curso de uma vida — ou de muitas.

Então por que tentar? Para que se desgastar? Quem precisa disso? Por que não levar a vida como se fosse o que parece ser — algo sem sentido que não conduz a parte alguma, um jogo que você não pode perder não importa o que faça; um processo que, em última análise, tem o mesmo resultado para todos? O Senhor diz que não existe Inferno, ou punição, que não há como perder. Então por que tentar ganhar? Qual é o incentivo, já que é tão difícil chegar aonde o Senhor diz que estamos tentando ir? Por que não podemos simplesmente seguir o ritmo que a nossa natureza nos impõe, relaxar em relação a toda essa história de Deus e "ser Quem Realmente Somos"?

Você está mesmo frustrado...

Sim, estou cansado de estar sempre tentando, para no final o Senhor me dizer que tudo será muito difícil e apenas uma pessoa em um milhão consegue.

Sim, Eu percebo que você está cansado. Deixe-Me ver se posso ajudá-lo. Eu gostaria de salientar que você já seguiu o ritmo que a sua natureza lhe impôs. Acha que essa é a sua primeira tentativa de fazer isso?

Não tenho a mínima idéia.

Não parece que já esteve aqui antes?

Às vezes.

Bem, já esteve. Muitas vezes.

Quantas?

Muitas.

Isso deveria me incentivar?

Deveria inspirá-lo.

Como?

Em primeiro lugar, fazendo-o deixar de preocupar-se, porque apresenta o elemento de infalibilidade que acabou de mencionar. Assegura-lhe que a intenção é você não *falhar. Que terá* quantas chances quiser e desejar. *Você sempre pode recuar. Se der o próximo passo, se passar para o próximo nível, será porque* quer, *não porque* tem *de fazer isso.*

Você não tem *de fazer coisa alguma! Se gostar de viver nesse nível, se achar que é o seu limite, poderá ter essa experiência inúmeras vezes! Como de fato já teve — por esse motivo exatamente! Você* adora *o drama.* Adora *sofrer. Adora "não desvendar" o mistério, o suspense! Adora tudo isso! É por essa razão que está aqui!*

Está brincando comigo?

Eu brincaria com uma coisa dessas?

Não sei. Não sei com o que Deus brinca.

Não com isso. Está perto demais da Verdade, do Conhecimento Máximo. Nunca brinco com "como isso é". Muitas pessoas têm brincado. Não estou aqui para confundi-lo mais. Estou aqui para ajudá-lo a esclarecer a verdade.

Então esclareça. Está me dizendo que estou aqui porque *quero*?

É claro que sim.

Eu *escolhi* estar?

Sim.

E fiz essa escolha muitas vezes?

Muitas.

Quantas?

Aqui vamos nós novamente. Quer um número exato?

Apenas me dê um número aproximado. Quero dizer, estamos falando sobre unidades, ou dezenas?

Centenas.

Centenas? Eu tive *centenas de vidas*?

Sim.

E foi aqui que eu cheguei?

Você percorreu uma grande distância.

Ah, isso é verdade, não é?

Sim. Bem, o fato é que em vidas passadas você matou pessoas.

O que há de errado nisso? O Senhor mesmo disse que às vezes a guerra é necessária para acabar com o mal.

Vamos ter de nos estender nesse assunto, porque vejo que essa afirmação está sendo usada de modo incorreto — como você fez agora — para tentar justificar todos os tipos de intenções, ou todos os tipos de insanidade.

Seguindo os padrões mais elevados que Eu observei que os seres humanos concebem, o assassinato nunca pode ser justificado como um meio de expressar raiva ou hostilidade, "corrigir um erro" ou punir um ofensor. A afirmação de que a guerra às vezes é necessária para acabar com o mal continua a ser verdadeira — porque vocês a fizeram ser. Decidiram, na criação de seus "Eus", que o respeito por toda a vida humana é, e deve ser, um valor da máxima importância. Agrada-Me a sua decisão, porque não criei a vida para ser destruída.

É o respeito pela vida *que às vezes torna a guerra necessária, porque é através da guerra contra o mal iminente, da defesa da ameaça imediata a* outra *vida, que vocês fazem uma afirmação de Quem São em relação a isso.*

De acordo com o código moral mais rígido, você tem o direito — de fato, a obrigação — de pôr fim à agressão a uma pessoa, ou a si próprio.

Isso não significa que o assassinato é justificável como punição, vingança ou um meio de resolver pequenas diferenças.

Em seu passado, você matou em duelos pelo amor de uma mulher, *e chamou a isso de* defender a sua honra, *quando era a sua honra que estava* perdendo. *É absurdo matar para* resolver diferenças. *Hoje em dia, muitos seres humanos ainda usam a força — matam — para resolver diferenças ridículas.*

Chegando ao máximo da hipocrisia, alguns até mesmo matam em nome de Deus *— e isso é a maior blasfêmia, porque não representa Quem Vocês São.*

Ah, então *há* algo de errado em matar?

Vamos recapitular. Não há nada de "errado" em coisa alguma. *"Errado" é um termo relativo, que indica o oposto do que você chama de "certo".*

Contudo, o que é "certo"? Você pode ser realmente objetivo no que diz respeito a essas questões? Ou "certo" e "errado" são apenas descrições suas de ocorrências e circunstâncias, a partir do que decide sobre elas?

E, peço que Me diga, o que forma a base *de sua decisão? Sua própria* experiência*? Não. Na maioria dos casos, você escolheu aceitar a decisão de* outra pessoa*. Alguém que veio antes de você e, presumivelmente, sabe mais. Raras de suas decisões diárias a respeito do que é "certo" e "errado" são tomadas por você, baseadas em* sua *interpretação.*

Isso é especialmente verdadeiro quando se trata de questões importantes. De fato, quanto mais importante é a questão, menos você tenderá a prestar atenção à sua própria experiência, e mais tenderá a tornar as idéias de outras pessoas suas próprias.

Isso explica por que você renunciou a praticamente todo o controle de certas áreas de sua vida, e certas questões que surgem dentro da experiência humana.

Essas áreas e questões muito freqüentemente incluem os temas mais vitais *para a sua alma: a natureza de Deus e da verdadeira moralidade; a questão da realidade máxima; os problemas da vida e da morte que cercam uma guerra, a medicina, o aborto, a eutanásia, todos os valores pessoais, todas as estruturas e julgamentos. Isso a maioria de vocês anulou, transferiu para outras pessoas. Vocês não querem tomar as suas próprias decisões a esse respeito.*

"Outra pessoa que decida! Eu concordarei! Eu concordarei!", brada você. "Alguém me diga o que é certo e errado!"

A propósito, é por esse motivo que as religiões humanas são tão populares. Não importa muito qual seja o sistema de crença, desde que seja rígido, coerente e corresponda claramente à expectativa do seguidor. Devido a essas características, você pode encontrar pessoas que acreditam em quase tudo. A conduta e a crença mais estranhas podem ser — têm sido — atribuídas a Deus. É a vontade de Deus — dizem. A palavra de Deus.

E há aqueles que aceitam *isso.* Alegremente. *Porque assim* eliminam a necessidade de pensar.

Agora, vamos pensar na morte. Pode haver um motivo justificável para matar? Pense nisso. Descobrirá que não precisa de uma orientação externa, uma fonte superior para lhe dar respostas. Se pensar e descobrir como se sente em relação a isso, as respostas serão óbvias e você agirá de acordo com elas. Isso é chamado de agir sob a sua própria orientação.

É quando você age sob a orientação de outras pessoas que se mete em apuros. Os Estados e as nações deveriam usar o ato de matar para atingir os seus objetivos políticos? As religiões deveriam usar esse mesmo ato para impor os seus ditames teológicos? As sociedades deveriam usá-lo como uma reação àqueles que violam os códigos de comportamento?

O ato de matar é válido como solução política, persuasor religioso ou uma forma de resolver os problemas sociais?

Você pode matar se alguém está tentando matá-lo? Mataria para defender a vida de um ente querido ou alguém que não conhece?

O ato de matar é uma forma adequada de defesa *contra aqueles que matariam se não fossem de algum modo impedidos?*

Há uma diferença entre o ato de matar e o assassinato?

O Estado gostaria de fazê-lo acreditar que matar para cumprir uma agenda política é perfeitamente justificável. De fato, o Estado precisa *que você aceite a sua palavra a esse respeito para existir como uma instituição de poder.*

As religiões gostariam de fazê-lo acreditar que matar para revelar, difundir e impor a sua verdade particular é perfeitamente justificável.

De fato, as religiões exigem *que você aceite a sua palavra a esse respeito para existir como instituições de poder.*

A sociedade gostaria de fazê-lo acreditar que matar para punir aqueles que cometem certas ofensas (que mudaram ao longo dos anos) é perfeitamente justificável. De fato, a sociedade precisa *que você aceite a sua palavra a esse respeito para existir como uma instituição de poder.*

Você considera essas posturas corretas? Aceitou a palavra de outrem a esse respeito? O que o seu Eu tem a dizer?

Não existe "certo" ou "errado" nessas questões.

Mas com suas decisões você desenha a imagem de Quem É.

Com suas decisões, os Estados e as nações já desenharam essas imagens.

Com suas decisões, as religiões criaram impressões indestrutíveis. Com elas as sociedades também produziram suas auto-imagens.

Você está satisfeito com essas imagens? São essas as impressões que deseja criar? Essas imagens representam Quem Você É?

Seja cauteloso com essas perguntas. Elas podem exigir que você pense.

Pensar e fazer julgamentos de valor é difícil. Isso o leva à pura criação, porque muitas vezes terá de dizer: "Eu não sei. *Simplesmente não* sei.*" Ainda assim, terá de decidir e, portanto, de* escolher. *Terá de fazer uma escolha arbitrária.*

A escolha — uma decisão que não surge de um conhecimento pessoal *anterior — é chamada de* pura criação. *E o indivíduo está muito consciente de que tomando essas decisões o Eu é criado.*

A maioria de vocês não se interessa por esse trabalho tão importante. Prefere deixá-lo para outras pessoas. E por isso vocês não criam a si próprios, mas são criaturas caracterizadas por hábito — criadas por outras pessoas.

Então, quando as outras pessoas lhe dizem como deveria sentir-se, e isso vai totalmente contra o que sente — você experimenta um grande conflito interior. Algo em seu íntimo lhe diz que aquilo que as outras pessoas disseram não corresponde a Quem Você É. E agora? O que deve fazer? Sua primeira atitude é procurar os seus beatos — as pessoas que o colocaram nessa situação. Procura padres, rabinos, pastores e mestres e eles lhe dizem para parar de ouvir *o seu Eu. Os piores deles tentarão assustá-lo para que negue o que* sabe *intuitivamente.*

Eles lhe falarão sobre o demônio, Satanás, os maus espíritos, o Inferno, a condenação e todos os temores em que possam pensar para fazê-lo ver que aquilo que sentia e sabia intuitivamente era errado, *e que o único modo de encontrar algum conforto é aceitar a teologia* deles, *os pensamentos, as idéias, as definições de certo e errado e o conceito* deles *a respeito de Quem Você É.*

A sedução aqui é que tudo que você tem de fazer para obter aprovação imediata é concordar. *Concorde e a obterá. Alguns até mesmo irão cantar, dançar, erguer os braços e gritar aleluia!*

É difícil resistir a isso. Tanta aprovação, tanto júbilo porque você viu a luz; foi salvo.

A aprovação raramente acompanha as decisões interiores. As celebrações raramente se seguem à escolha de aceitar a verdade pessoal. De fato, ocorre exatamente o contrário. As outras pessoas podem não só deixar de celebrar a sua decisão de aceitar a sua verdade pessoal, como também expô-lo ao ridículo. O quê? Você está pensando e decidindo por si mesmo? *Está seguindo os seus próprios padrões, fazendo os seus próprios julgamentos de valor?* Afinal de contas, quem pensa que é?

E é exatamente *a essa pergunta que você está* respondendo.

Mas você deve fazer o trabalho sozinho. Sem recompensa ou aprovação, talvez até mesmo sem que seja notado.

E então você faz uma pergunta muito boa. Por que *continuar? Por que começar a trilhar esse caminho? Que benefício isso trará? Qual* é *o incentivo? Qual* é *o motivo?*

O motivo é ridiculamente simples.

NÃO HÁ OUTRA SAÍDA.

O que o Senhor quer dizer?

Quero dizer que você não tem outra escolha. Na verdade, não há outra atitude que possa ter. Fará o que está fazendo pelo restante da sua vida — como fez desde que nasceu. A única dúvida é se o fará consciente ou inconscientemente.

Veja bem, você não pode desistir *da jornada. Começou-a antes mesmo de nascer. Seu nascimento é apenas um sinal de que a jornada começou.*

Portanto, a pergunta não é: "Por que começar a seguir esse caminho?" Você já *começou a segui-lo. Fez isso com o primeiro batimento do seu coração. A pergunta é: "Desejo seguir esse caminho consciente ou inconscientemente? Como a causa de minha experiência, ou o seu efeito?"*

Durante a maior parte de sua vida você viveu sob o efeito de suas experiências. Agora está sendo convidado a ser a causa delas. Isso é conhecido como viver com consciência, caminhar com consciência.

Como Eu disse, agora muitos de vocês percorreram uma grande distância, progrediram muito. Então você não deveria achar que depois de todas essas vidas "só" chegou até aqui. Alguns de vocês são criaturas muito evoluídas, extremamente conscientes de seus "Eus". Você sabe Quem É e o que gostaria de tornar-se. Além disso, sabe como ir daqui para lá.

Isso é um ótimo sinal. Uma indicação certa.

De quê?

Do fato de que agora lhe restam muito poucas vidas.

Isso é bom?

Agora é — para você. E porque você o diz. Até pouco tempo atrás tudo que queria era permanecer aqui. Agora tudo que quer é partir. Este é um ótimo sinal.

Até pouco tempo atrás você matava seres — insetos, plantas, árvores, animais, pessoas *— agora não pode matar coisa alguma sem saber exatamente o que está fazendo, e por qual motivo. Este é um ótimo sinal.*

Até pouco tempo atrás você vivia como se a vida não tivesse um objetivo. Agora sabe *que não tem, salvo o que lhe* dá*. Este é um ótimo sinal.*

Até pouco tempo atrás você implorava ao Universo que lhe mostrasse a Verdade. Agora diz *ao Universo a* sua *verdade. Este é um ótimo sinal.*

Até pouco tempo atrás você tentava ser rico e famoso. Agora tenta simplesmente, e de modo maravilhoso, ser você mesmo.

E até pouco tempo atrás você Me temia*. Agora me* ama *o suficiente para considerar-Me seu igual.*

Todos esses são ótimos sinais.

Meu Deus... o Senhor faz com que eu me sinta bem.

Você deveria *sentir-se bem. Todos que falam "Deus" em uma frase não podem estar tão mal.*

O Senhor realmente *tem* senso de humor, não é?

Eu inventei *o humor!*

Sim, já disse isso. Está certo, então o motivo para seguir em frente é que não há outra opção. É o que está acontecendo aqui.

Exatamente.

Então posso perguntar se pelo menos isso será mais fácil?

Ah, meu caro amigo! É muito mais fácil para você agora *do que foi em três vidas passadas, nem dá para descrever.*

Sim, sim — será mais fácil. Quanto mais você se lembrar, experimentar e, por assim dizer, souber. Quanto mais souber, mais se lembrará. É um círculo vicioso. Então, sim, será mais fácil, melhor e até mesmo mais prazeroso.

Mas lembre-se de que nada *foi exatamente desagradável. Quero dizer, você adorou* tudo! *Todos os minutos! Ah, é deliciosa essa coisa a que chamam de vida! É uma experiência formidável, não é?*

Bem, suponho que sim.

Você supõe? *Como Eu poderia tê-la tornado mais formidável? Não está podendo experimentar* tudo? *Lágrimas, alegria, sofrimento, tristeza, euforia, depressão profunda, perda, ganho, atração? O que mais poderia haver?*

Talvez menos sofrimento.

Menos sofrimento sem mais sabedoria vai contra o seu objetivo; não lhe permite experimentar a alegria infinita — que é o que Eu Sou.

Seja paciente. Você está *adquirindo sabedoria. E agora as suas alegrias são cada vez mais possíveis* sem *sofrimento. Esse também é um ótimo sinal.*

Você está aprendendo (lembrando-se de como) amar, liberar, criar e chorar sem sofrimento. Sim, pode até mesmo ter a sua dor *sem sofrimento, se é que sabe o que Eu quero dizer.*

Acho que sim. Estou percebendo mais graça nos dramas da minha própria vida. Posso recuar e vê-los como são. Até mesmo rir.

Exatamente. E não considera isso crescimento?

Acho que sim.

Então continue crescendo, Meu filho. E continue a decidir o que quer tornar-se na versão mais sublime do seu Eu. Continue a esforçar-se para isso. Continue! Continue! É o Trabalho de Deus que estamos realizando, você e Eu. Por isso, continue!

Capítulo 10

Eu amo o Senhor, sabe disso?

Sei. Também amo você.

Capítulo 11

Eu gostaria de voltar à minha lista de perguntas. Quero entrar em muitos outros detalhes a respeito de tudo isso. Sei que poderíamos escrever um livro inteiro apenas sobre os relacionamentos. Mas então eu nunca chegaria às minhas outras perguntas.

Haverá outras ocasiões e outros lugares. Até mesmo outros livros. Eu estou com você. Vamos em frente. Voltaremos aos relacionamentos se tivermos tempo.

Está bem. Então a minha próxima pergunta é: por que eu nunca consigo ganhar dinheiro suficiente? Estou destinado a viver sempre com dificuldades financeiras? O que está me impedindo de realizar todo o meu potencial no que diz respeito a isso?

Há muitas pessoas nessa mesma situação.

Todos me dizem que esse é um problema de auto-estima; de uma falta de auto-estima. Vários mestres da Nova Era me disseram que qualquer carência pode ser sempre atribuída à falta de auto-estima.

Essa é uma simplificação conveniente. Nesse caso os seus mestres estão errados. Você não sofre de uma falta de auto-estima. Na verdade, o maior desafio de toda a sua vida tem sido controlar o seu ego. Algumas pessoas disseram que esse tem sido um caso de excesso de auto-estima!

Bem, aqui estou eu, embaraçado e envergonhado de novo, mas o Senhor está certo.

Você diz que está embaraçado e envergonhado todas as vezes em que Eu simplesmente lhe digo a verdade sobre si próprio. O embaraço é a reação de uma pessoa cujo ego ainda se preocupa com o fato de como as outras pessoas a vêem. *Supere isso. Tente uma nova reação. Tente rir.*

Está certo.

Seu problema não é de auto-estima. Como quase todas as pessoas, você a tem em abundância. Vocês todos se têm em alta conta, como deveriam ter. Portanto, para a maioria das pessoas, a auto-estima não é o problema.

Então qual é?

O problema é a falta de compreensão dos princípios da abundância, em geral junto com um julgamento incorreto sobre o que é "bom" e o que é "mau".

Deixe-Me dar-lhe um exemplo.

Por favor, faça isso.

Vocês têm uma idéia de que o dinheiro é mau. Também têm uma idéia de que Deus é bom. Benditos sejam! Por esse motivo em seu sistema de pensamento, Deus e dinheiro não se misturam.

Bem, acho que em certo sentido isso é verdade. É assim que eu penso.

Essas idéias tornam as situações interessantes, porque passa a ser difícil para você cobrar por qualquer boa ação.

Quero dizer, se você considera uma atitude muito "boa", valoriza-a menos *em termos de dinheiro. Dessa forma, quanto "melhor" uma ação é (isto é, quanto mais proveitosa),* menos dinheiro *vale.*

Você não está sozinho nisso. Toda a sua sociedade pensa assim. Por este motivo, os seus mestres ganham uma ninharia, e as pessoas que fazem striptease, *uma fortuna. Seus líderes ganham tão pouco comparados com os astros do esporte que acham que têm de roubar para cobrir a diferença. Seus padres e rabinos vivem a pão e água enquanto você* atira *moedas para artistas em casas de espetáculos.*

Pense nisso. Tudo em que você coloca um alto valor intrínseco, *acha que deve ser barato. O pesquisador solitário que procura a cura para a AIDS tem de implorar por dinheiro, enquanto que a mulher que escreve um livro sobre centenas de novos modos de ter sexo, grava fitas e promove seminários nos fins de semana para se estender nesse assunto... ganha uma fortuna.*

Essa inversão de valores é uma tendência sua, e deriva do pensamento errôneo.

O pensamento errôneo é a sua idéia a respeito do dinheiro. Você o ama, e contudo diz que é a origem de todo o mal. Você o adora, e no entanto o chama de "vil metal". Diz que uma pessoa é "podre de rica". E se uma pessoa realmente *enriquece fazendo coisas "boas", imediatamente suspeita dela. Torna isso "errado".*

Por esse motivo, é melhor um médico não ganhar dinheiro demais, *ou ser discreto a respeito do que ganha. E uma* pastora! *É* realmente *melhor ela não ganhar muito dinheiro (presumindo-se que você deixaria uma "mulher" ocupar esse cargo), ou certamente haverá problemas.*

Veja bem, em sua *mente,* uma pessoa que escolhe o ofício mais nobre deveria receber a menor remuneração...

Hmmm.

Sim, "hmmm" está certo. Você deveria *pensar nisso. Porque esse é um pensamento muito errado.*

Eu pensei que não existia certo ou errado.

Não existe. Existe apenas o que lhe serve, e o que não lhe serve. Os termos "certo" e "errado" são relativos, e quando Eu os utilizo é dessa forma. Neste caso, relativos ao que lhe serve — ao que você diz que deseja. *Seus pensamentos em relação ao dinheiro são errados.*

Lembre-se de que os pensamentos são criativos. Então se você pensar que o dinheiro é ruim e que você é bom... bem, pode perceber o conflito.

Agora você em particular, Meu filho, leva esse drama de consciência muito a sério. Para a maioria das pessoas, o conflito não é tão grande. Elas ganham a vida fazendo serviços que detestam, então não se importam de receber dinheiro por isso. Receber o que é "mau" em troca do que é "mau". Mas você adora o que faz com os dias e momentos de sua vida. Adora as atividades com que os preenche.

Portanto, para você, receber grandes somas pelo que faz seria, em seu sistema de pensamento, receber o que é "mau" em troca do que é "bom" e considera isso inaceitável. Prefere morrer de fome a aceitar o "vil metal" pelo serviço puro... como se de algum modo esse serviço perdesse a sua pureza se aceitasse dinheiro para realizá-lo.

Então aqui nós temos essa ambivalência no que diz respeito ao dinheiro. Parte de você o rejeita, e parte se ressente por não tê-lo. O Universo não sabe o que fazer em relação a isso, porque captou dois pensamentos diferentes. Por esse motivo, no tocante às finanças, a sua vida será confusa, porque você está confuso em relação ao dinheiro.

Você não tem um enfoque claro; não sabe ao certo o que é verdade. E o Universo é apenas uma grande máquina de fotocópias. Simplesmente produz várias cópias de seus pensamentos.

Agora só há uma forma de mudar tudo isso: mudar os seus pensamentos.

Como posso mudar o meu *pensamento*? O que eu penso sobre algo é a minha opinião a respeito. Meus pensamentos, minhas atitudes e idéias não surgiram da noite para o dia. Tenho de achar que são o resultado de anos de experiência, uma vida inteira me deparando com as situações. O Senhor está certo a respeito do que eu penso sobre o dinheiro, mas como posso mudar isso?

Essa poderia ser a pergunta mais interessante do livro. Para a maioria dos seres humanos, o método usual de criação é um processo de três passos que envolve pensamentos, palavras e atos.

Primeiro vem o pensamento; a idéia formativa; o conceito inicial. Depois vem a palavra. Quase todos os pensamentos se transformam em palavras, que freqüentemente são escritas ou ditas. Isso dá mais energia ao pensamento, empurrando-o para o mundo, onde pode ser notado por outras pessoas.

Finalmente, em alguns casos as palavras são postas em ação, e você tem o que chama de um resultado; uma manifestação no mundo físico do que começou com um pensamento.

Tudo ao seu redor no mundo criado pelo homem surgiu assim — ou por meio de uma variação disso. Todos os três centros de criação foram usados.

Mas agora surge a pergunta: como mudar um Pensamento Responsável? Essa é uma ótima pergunta. E também muito importante. Porque se os seres humanos não mudarem alguns de seus Pensamentos Responsáveis, a humanidade poderá condenar-se à extinção.

O modo mais rápido de mudar um Pensamento Responsável, ou uma idéia arraigada, é inverter o processo pensamentos-palavras-atos.

Explique isso.

Realize o ato que quer para dar origem ao novo pensamento. Depois diga as palavras que quer para dar origem ao novo pensamento. Faça isso até treinar a mente para pensar de um novo modo.

Treinar a mente? O Senhor se refere a controle mental? Isso não é apenas manipulação mental?

Você tem idéia de como a sua mente começou a pensar como agora *pensa? Não sabe que o seu mundo a manipulou para pensar assim?* Não seria melhor você, e não o mundo, manipulá-la?

Não seria melhor para você ter os pensamentos que quiser, em vez dos alheios? Não está melhor armado com pensamentos criativos, em vez de reativos?

Não obstante, a sua mente está cheia de pensamentos reativos — que se originam de experiências de outras pessoas. Muitos poucos de seus pensamentos surgem de dados ou preferências que se originam de suas experiências.

A sua própria idéia arraigada a respeito do dinheiro é um ótimo exemplo. Sua idéia de que o dinheiro é mau vai diretamente de encontro à sua experiência de que é ótimo tê-lo. Então você mente para si mesmo sobre a sua experiência para justificá-la.

Essa idéia está tão arraigada que nunca lhe ocorre que pode ser errada.

Agora o que temos de fazer é reunir alguns dados que se originam de suas próprias experiências. E é assim que fazemos com que uma idéia arraigada seja sua, *não de outra pessoa.*

A propósito, você tem mais uma idéia arraigada em relação ao dinheiro, que Eu ainda tenho de mencionar.

Qual é?

Que o dinheiro não é suficiente. De fato, você tem essa idéia em relação a tudo. O dinheiro, o tempo, o amor, a comida, a água, a compaixão no mundo... não são suficientes. Tudo que é bom, simplesmente não é suficiente.

Essa idéia de "insuficiência" cria e recria o mundo como você o vê.

Está bem, então eu tenho de mudar duas idéias arraigadas — dois Pensamentos Responsáveis — em relação ao dinheiro.

Ah, pelo menos dois. Provavelmente muito mais. Vamos ver... o dinheiro é mau... insuficiente... não deve ser recebido em troca da realização do trabalho de Deus (esse tem um grande peso para você)... nunca é dado de graça... não dá em árvores (quando na verdade dá)... corrompe.

Vejo que eu tenho muito trabalho a fazer.

Sim, se não está satisfeito com a sua situação financeira atual. Por outro lado, é importante compreender que não está satisfeito com a situação financeira atual porque *não está satisfeito com a sua situação financeira atual.*

Às vezes é difícil entender o Senhor.

Às vezes é difícil fazê-lo entender.

Então ouça, o Senhor é o Deus aqui. Por que não torna isso fácil de entender?

Eu tornei.

Então por que simplesmente não faz com que eu entenda, se é o que realmente quer?

Eu realmente quero o que você realmente quer — nada mais nada menos do que isso. Não percebe que essa é a Minha maior dádiva para você? Se Eu quisesse para você algo diferente do que você quer, e chegasse ao ponto de fazer com que o tivesse, *onde ficaria o seu livre-arbítrio? Como você poderia ser criativo se Eu ficasse lhe dizendo o que deveria ser, fazer e ter? Minha* alegria está em sua liberdade, não em sua submissão.

Está bem, mas o que o Senhor quis dizer ao afirmar que eu não estou satisfeito com a minha situação financeira atual porque não estou satisfeito com a minha situação financeira atual?

Você é o que pensa que é. É um círculo vicioso quando o pensamento é negativo. Tem de encontrar um modo de romper o círculo.

Grande parte da sua experiência atual se baseia em seu pensamento anterior. O pensamento leva à experiência, que leva ao pensamento, que leva à experiência. Isso pode produzir alegria constante quando o Pensamento Responsável é alegre. Pode produzir — e produz — um inferno constante quando é negativo.

O truque é mudar o Pensamento Responsável. Eu estava prestes a lhe explicar como fazer isso.

Vá em frente.

Obrigado.

O primeiro passo é reverter o paradigma pensamentos-palavras-atos. Você se lembra do velho ditado: "Pense antes de agir"?

Sim.

Bem, esqueça-o. Se quiser mudar uma idéia arraigada, terá de agir antes de pensar.

Por exemplo: você está descendo a rua e se depara com uma mulher idosa que pede esmolas. Percebe que é uma mendiga e que vive com dificuldade. Imediatamente se dá conta de que embora tenha pouco dinheiro, certamente tem o suficiente para dividir com ela. Seu primeiro impulso *é dar-lhe um pouco. Há uma parte de você que está pronta para procurar em seu bolso algumas notas — de um, ou até mesmo cinco. Torne isso um grande momento para a mulher. Leve alegria para ela.*

Então vem o pensamento. Você está maluco? Nós *só temos sete para passar o dia! E você quer dar-lhe cinco? Então você começa a procurar no bolso uma nota de um.*

E o pensamento vem de novo: ora, vamos! Você não tem tantas dessas para dá-las de esmola. Pelo amor de Deus, dê-lhe algumas moedas e vamos sair daqui.

Rapidamente você mete a mão no outro bolso para procurar as moedas. Seus dedos só encontram moedas de cinco e dez centavos. Sente vergonha. Aqui está você, bem vestido e alimentado, prestes a dar uma ninharia para a pobre mulher.

Tenta em vão encontrar uma ou duas moedas de 25 centavos. Ah, lá está uma, bem na dobra do bolso. Mas agora você já passou por ela, com um sorriso sem graça, e é muito tarde para voltar atrás. Ela não recebe moeda alguma. Você também não. Em vez da alegria proporcionada pela consciência da própria riqueza e do prazer de partilhar, você agora se sente tão pobre quanto a mulher.

Por que não lhe deu a nota? *Esse foi o seu primeiro impulso, mas o seu pensamento o deteve.*

Da próxima vez, decida agir antes de pensar. Dê o dinheiro. Vá em frente! Você o tem, e há mais no local de onde veio. Esse é o único pensamento que o separa da mendiga. Você sabe que há mais no local de onde veio, e ela não.

Quando você quiser mudar uma idéia arraigada, aja de acordo com a nova idéia que tem. Mas deve agir rápido, ou sua mente a matará antes que você a conheça. Quero dizer literalmente. A idéia, a nova verdade, estará morta em você antes que tenha uma chance de conhecê-la.

Então aja rápido quando surgir a oportunidade, e se o fizer com bastante freqüência, sua mente logo assimilará *a idéia, que será o seu novo pensamento.*

Ah, estou começando a entender! É isso que significa o Movimento do Novo Pensamento?

Se não é, deveria ser. O novo pensamento é a sua única chance, a sua única oportunidade real de evoluir, crescer, tornar-se Quem Realmente É.

Neste momento a sua mente está cheia de velhos pensamentos. Não só seus, como principalmente de outras pessoas. Agora é hora de mudar de idéia em *relação a algumas coisas. Isso é evolução.*

Capítulo 12

Por que eu não posso fazer o que realmente *quero* com a minha vida e ainda assim ganhar dinheiro?

O quê? Quer dizer que de fato quer divertir-se e ainda assim ganhar dinheiro? Deve estar sonhando!

O quê?

Eu só estava brincando, lendo um pouco a sua mente. Veja bem, esse tem sido o seu *pensamento em relação a isso.*

Essa tem sido a minha experiência.

Bem, todos passam por isso muitas vezes. As pessoas que ganham a vida fazendo o que gostam são aquelas que insistem em fazê-lo. Elas não desistem. Nunca se dão por vencidas. Desafiam a vida a não deixá-las fazer o que gostam.

Mas há outro elemento que deve ser mencionado, porque é o elemento que a maioria das pessoas não entende quando se trata da vida profissional.

Qual é?

Há uma diferença entre ser e fazer, e a maioria das pessoas dá ênfase ao fazer.

Não deveria ser assim?

Não há "deveria" ou "não deveria" envolvido. Há apenas o que você escolhe, e como pode tê-lo. Se escolher paz, alegria e amor, não obterá muito disso com o que está fazendo. Se escolher felicidade e satisfação, encontrará pouco disso no caminho da ação. Se escolher a reunião com Deus, o conhecimento supremo, a compreensão profunda, a compaixão infinita, a consciência total e a satisfação absoluta, não obterá muito disso com o que está fazendo.

Em outras palavras, se você escolher a evolução *— da sua alma — não a obterá através das atividades físicas do seu corpo.*

O fazer *é uma função do corpo. O* ser *é uma função da alma. O corpo está sempre exercendo* alguma atividade. *Nunca pára ou descansa.*

Está fazendo o que faz a mando da alma — ou contrariando-a. A qualidade da sua vida está no equilíbrio.

A alma está sempre sendo, *não importa que o corpo esteja fazendo, não devido ao que está fazendo.*

Se você pensa que a sua vida se resume ao fazer, não tem consciência de quem é.

Sua alma não se importa com o que você faz para ganhar a vida — e quando a sua vida terminar, você também não se importará com isso. Sua alma só se importa com o que você está sendo *enquanto está em atividade.*

A alma procura um estado de existência, não de ação.

O que a alma está procurando ser?

Eu.

O Senhor.

Sim, Eu. Sua alma é Eu, e sabe disso. O que está fazendo é tentando ter essa experiência. *E do que está lembrando é que o melhor modo de tê-la é* não fazer coisa alguma. *Não há nada a fazer, além de ser.*

Ser o quê?

O que você quiser. Feliz. Triste. Fraco. Forte. Alegre. Vingativo. Perspicaz. Cego. Bom. Mau. Homem. Mulher. Você dá nome a isso.

Quero dizer literalmente. Você dá nome a isso.

É tudo muito profundo, mas o que tem a ver com a minha carreira? Estou tentando encontrar um modo de sobreviver, sustentar a mim mesmo e a minha família, fazendo o que gosto de fazer.

Tente ser o que você gosta de ser.

O que quer dizer?

Algumas pessoas ganham muito dinheiro fazendo o que fazem, outras não — e ambas exercem a mesma atividade. Por que isso ocorre?

Algumas pessoas são mais habilidosas do que outras.

Essa é a primeira parte da explicação. Mas vamos à segunda. Agora temos duas pessoas que têm habilidades relativamente iguais.

Ambas se formaram na universidade, destacaram-se em sua classe, compreendem a natureza do que estão fazendo, sabem como usar os seus instrumentos com grande facilidade — ainda assim, uma tem mais sucesso do que a outra; prospera enquanto a outra luta. Por que isso ocorre?

Devido ao local.

Ao local?

Certa vez alguém me disse que só há três coisas a considerar quando se inicia um novo negócio: o local, o local e o local.

Em outras palavras, não "O que você vai fazer?", mas "Onde estará?"

Exatamente.

Isso também parece responder à minha pergunta. A alma só se preocupa com onde você estará.

Você estará em um local chamado medo, ou em um local chamado amor? Onde você está *— e de onde vem — ao encontrar a vida?*

No exemplo dos dois profissionais igualmente qualificados, apenas um deles é bem-sucedido, não devido a algo que um dos dois está fazendo, mas ao que ambos estão fazendo.

Um deles está sendo aberto, amistoso, dedicado, atencioso e até mesmo alegre em seu trabalho, enquanto o outro está sendo fechado, descuidado, desatencioso, mal-humorado e até mesmo detestando o que está fazendo.

Agora suponha que você fosse escolher estados de existência até mesmo mais sublimes. Suponha que fosse escolher a bondade, a misericórdia, a compaixão, a compreensão, o perdão e o amor. E se escolhesse a Santidade? Qual seria a sua experiência?

Eu lhe digo isto:

A existência *atrai a* existência, *e produz a experiência.*

Você não está neste planeta para produzir coisa alguma com o seu corpo. Está aqui para produzir algo com a sua alma. Seu corpo é meramente o instrumento da sua alma. Sua mente é o poder que move o corpo. Então o que você tem aqui é um instrumento de poder, usado na criação do desejo da alma.

Qual é o desejo da alma?

De fato, qual é?

Eu não sei. Estou perguntando ao Senhor.

Eu não sei. Estou perguntando a você.

Isso poderia continuar para sempre.

Continua.

Espere um minuto! Acabou de dizer que a alma está procurando ser o *Senhor.*

E está.

Então *esse* é o desejo da alma.

No sentido mais amplo, sim. Mas esse Eu que a alma está procurando ser é muito complexo, multidimensional, multissensual, multifacetado. Há milhões de aspectos em Mim. Bilhões. Trilhões. Você entende? Há o irreverente e o reverente, o menor e o maior, o profano e o sagrado, o impiedoso e o piedoso. Entende?

Sim, eu entendo... e em cima e embaixo, esquerda e direita, aqui e lá, antes e depois, bom e mau...

Exatamente. Eu sou *o Princípio e o Fim. Isso não foi apenas uma bela afirmação, ou uma idéia inteligente. Foi a Verdade expressada.*

Logo, procurando ser Eu, a alma tem um grande trabalho à sua frente; um enorme menu de existência *para escolher. E é isso que está fazendo neste momento.*

Escolhendo estados de existência.

Sim, e então produzindo condições *perfeitas nas quais criar essa experiência. Por isso, é verdade que nada acontece a você — ou através de você — que não é para o seu próprio e maior bem.*

O Senhor quer dizer que a minha alma cria todas as minhas experiências, não só as coisas que eu estou fazendo, como também as que me acontecem?

Vamos dizer que a alma lhe dá ótimas oportunidades *de experimentar exatamente o que planejou experimentar. O que de fato experimenta é com você. Pode ser o que planejou experimentar, ou outra coisa, dependendo do que escolher.*

Por que eu escolheria algo que não desejo experimentar?

Eu não sei. Por quê?

O Senhor quer dizer que às vezes a alma tem um desejo, e o corpo e a mente têm outro?

O que você acha?

Mas como o corpo ou a mente podem dominar a alma? A alma não consegue sempre o que quer?

O seu espírito procura, no sentido mais amplo, aquele momento sublime em que você tem consciência de seus desejos, e os cumpre alegremente. Mas o espírito nunca imporá o seu desejo à parte presente, consciente e física de você.

O Pai não imporá Sua vontade a seu Filho. Isso iria contra a sua própria natureza; dessa forma, é literalmente impossível.

O Filho não imporá Sua vontade ao Espírito Santo. Isso iria contra a sua própria natureza, por isso é literalmente impossível.

O Espírito Santo não imporá Sua vontade à sua alma. Isso iria contra a sua própria natureza; assim, é literalmente impossível.

É aqui que terminam as impossibilidades. A mente com muita freqüência realmente *tenta impor a sua vontade ao corpo — e o faz. De igual modo, o corpo tenta controlar a mente — e com freqüência é bem-sucedido.*

Contudo, o corpo e a mente juntos não precisam fazer nada para controlar a alma — porque a alma não tem necessidades (ao contrário do corpo e da mente, que têm muitas), e por isso permite ao corpo e à mente fazerem o que querem o tempo todo.

De fato, a alma não o faria de outro modo — porque se o ser que é você tiver de criar e, portanto, conhecer quem realmente é, deve ser através de um ato de decisão consciente, não de obediência inconsciente.

Obediência não é criação, e por isso nunca produz salvação.

A obediência é uma reação, enquanto a criação é pura escolha não imposta.

A pura escolha produz salvação através da pura criação da idéia mais elevada no momento atual.

A função da alma é indicar *o seu desejo, não* impô-lo.

A função da mente é escolher *entre as suas alternativas.*

A função do corpo é agir *de acordo com essa escolha.*

Quando o corpo, a mente e a alma criam juntos, em harmonia e união, Deus se faz carne.

Então a alma se conhece experimentalmente.

E Deus se regozija.

Neste exato momento, sua alma criou novamente a oportunidade de você ser, fazer e ter o que é preciso para saber Quem Realmente É.

Sua alma lhe trouxe as palavras que está lendo — como lhe trouxe palavras de sabedoria e verdade antes.

O que você fará agora? O que escolherá ser?

Sua alma espera, e observa com interesse, como fez muitas vezes antes.

O Senhor está dizendo que é do estado de existência que eu escolho que o meu sucesso terreno (ainda estou tentando falar sobre a minha carreira) será determinado?

Eu não estou preocupado com o seu sucesso terreno, só você está.

É verdade que quando você atinge certos estados de existência durante um longo período, o sucesso no que está fazendo no mundo é muito difícil de evitar. Contudo, não deve se preocupar em "ganhar a vida". Os Verdadeiros Mestres são aqueles que escolheram construir uma vida, em vez de ganhar a vida.

De certos estados de existência surgirá uma vida tão rica, satisfatória, maravilhosa e gratificante que você não se preocupará mais com os bens materiais e o sucesso terreno.

A ironia da vida é que logo que você deixa de preocupar-se com os bens materiais e o sucesso terreno o caminho é aberto para obtê-los.

Lembre-se de que não pode ter o que quer, mas pode experimentar o que tem.

Não posso ter o que quero?

Não.

O Senhor já disse isso, bem no início de nosso diálogo. Ainda assim, não entendo. Achei que tinha dito que eu podia ter *tudo* que quero. "Aquilo em que pensar e acreditar, terá" — esse tipo de afirmação.

As duas frases não se contradizem.

Não? Eu acho que sim.

Porque você não entende.

Eu admito isso. É por essa razão que estou falando com o Senhor.

Então Eu vou explicar. Você não pode ter o que quer. Como Eu já disse, o próprio ato de querer alguma coisa a afasta de você.

Bem, o Senhor pode já ter dito isso, mas está me deixando confuso.

Tente acompanhar o meu raciocínio. Vou examinar isso de novo detalhadamente. Vamos voltar a um ponto que você entende: o pensamento *é criativo, certo?*

Certo.

A palavra é criativa, certo?

Certo.

A ação é criativa. O pensamento, a palavra e o ato são os três níveis de criação. Até aqui você entende?

Sim.

Então agora vamos tratar do "sucesso terreno", já que é sobre isso que você falou e perguntou.

Ótimo.

Você pensa "eu quero o sucesso terreno"?

Às vezes sim.

E às vezes também pensa "eu quero mais dinheiro"?

Sim.

Por isso você não pode ter nem sucesso terreno e nem mais dinheiro.

Por que *não*?

Porque o Universo não tem outra escolha além de proporcionar-lhes a manifestação direta de seu pensamento em relação a isso.

Seu pensamento é: "Eu quero sucesso terreno." O poder criativo é como um gênio em uma lâmpada mágica. Suas palavras são a sua ordem. Está entendendo?

Então por que eu não tenho mais sucesso?

Eu já disse, as suas palavras são a sua ordem. Suas palavras foram: "Eu quero sucesso." E o Universo diz: "Está bem, você quer."

Ainda não sei se estou entendendo bem.

Pense nisso desta forma: a palavra "Eu" é a chave que liga a máquina da criação. As palavras "Eu sou" são extremamente poderosas. São afirmações para o Universo. Ordens.

Tudo que se segue à palavra "Eu" (que faz aparecer o Grande Eu Sou) tende a se manifestar na realidade física.

Por isso, "Eu" + "quero sucesso" produz você querer sucesso. *"Eu" + "quero dinheiro" produz você* querer dinheiro. *Não pode produzir outra coisa, porque os pensamentos e as palavras são criativos. Os atos também. E se você* agir *de um modo que afirma que quer sucesso e dinheiro, então seus pensamentos, suas palavras* e *seus atos estarão de acordo, e você* certamente *terá essa experiência.*

Está entendendo?

Sim! Meu Deus, realmente funciona desse modo?

É claro! Você é um criador muito poderoso. *Mas se você tiver um pensamento, ou fizer uma afirmação, apenas uma vez — como por exemplo em um momento de raiva ou frustração, não é muito provável que transforme em realidade esses pensamentos ou essas palavras.*

Por isso, não tem de se preocupar com "Tomara que morra!" ou "Vá para o Inferno", ou todas as outras afirmações pouco gentis que às vezes pensa ou diz.

Graças a Deus.

Não há de quê. Mas se você repetir muito um pensamento ou uma palavra — não uma vez ou duas, mas dezenas, centenas, milhares de vezes — tem idéia do poder criativo disso?

Uma idéia ou uma palavra expressados repetidamente passam a ser apenas isso — expressados. Ou seja, são empurrados para fora. Realizam-se externamente. Tornam-se a sua realidade física.

Que desastre!

Isso é exatamente o que essas palavras com muita freqüência produzem: desastre. *Você adora o desastre, o drama. Isto é, até não adorar mais. Chega a um certo ponto em sua evolução em que deixa de adorar o drama, a "história" que está vivendo. É então que decide*

— de fato escolhe — mudá-la. A maioria das pessoas não sabe como fazer isso. Agora você sabe. Para mudar a sua realidade, simplesmente pare de pensar assim.

Nesse caso, em vez de pensar "Eu quero sucesso", pense "Eu tenho sucesso".

Isso soa como uma mentira para mim. Eu estaria enganando a mim mesmo se dissesse essas palavras. Minha mente gritaria, "vá mentir assim no quinto dos infernos!"

Então pense algo que pode *aceitar. "O sucesso está chegando para mim agora", ou "tudo leva ao meu sucesso".*

Então esse é o truque por trás da prática das afirmações da Nova Era?

As afirmações não funcionam se forem meramente afirmações do que você quer que seja verdade. Só funcionam quando são afirmações de algo que já sabe que é verdade.

A melhor afirmação é a de gratidão e reconhecimento. "Obrigado, Deus, por fazer com que eu tenha sucesso na vida." As idéias e os pensamentos que se traduzem em palavras e atos produzem ótimos resultados — quando se originam do verdadeiro conhecimento; não de uma tentativa de produzir *resultados, mas de uma consciência de que os resultados* já *foram produzidos.*

Jesus sabia disso. Antes de cada milagre, Ele agradecia a Mim por ele. Nunca Lhe ocorreu não agradecer, porque nunca Lhe ocorreu que o que Ele afirmava não iria acontecer. Essa idéia nunca passou pela Sua mente.

Ele tinha tanta certeza *de Quem Era e de Seu relacionamento Comigo que todos os Seus pensamentos, todas as Suas palavras e todos os Seus atos a refletiam, como os* seus *pensamentos, as* suas *palavras e os* seus *atos refletem a* sua *certeza...*

Se neste momento houver algum desejo que você quer experimentar em sua vida, não o "deseje" — escolha-o.

Você escolhe sucesso em termos terrenos? Escolhe mais dinheiro? Ótimo. Então escolha *isso. Realmente. Não sem entusiasmo.*

Contudo, em seu estágio de desenvolvimento, não fique surpreso caso deixe de se preocupar com o "sucesso terreno".

O que isso significa?

Chega um momento na evolução de cada alma em que a principal preocupação não é mais a sobrevivência do corpo, mas o desenvolvimento do espírito: não é mais o sucesso terreno, mas a realização do Eu.

Em certo sentido, esse é um momento muito perigoso, principalmente no início, porque a entidade que habita no corpo agora sabe que é apenas isso: um ser em um corpo — não um ser corpóreo.

Nesse estágio, antes da entidade em desenvolvimento amadurecer, freqüentemente perde todo o interesse pelos assuntos do corpo. A alma está tão excitada por ter sido finalmente "descoberta"!

A mente abandona o corpo, e tudo que lhe diz respeito é ignorado. Os relacionamentos são postos de lado, as famílias deixam de existir, os empregos ficam em segundo plano, as contas não são pagas. O próprio corpo não é alimentado durante longos períodos. Todo o enfoque da entidade passa a ser na alma, e nos assuntos da alma.

Isso pode levar a uma grande crise pessoal na vida diária do ser, embora a mente não perceba qualquer trauma. Está em êxtase, divagando. As outras pessoas dizem que você não está em seu juízo perfeito — e de certa forma pode não estar.

A descoberta da verdade de que a vida não tem nada a ver com o corpo pode criar um desequilíbrio. Enquanto no início a entidade agia como se o corpo fosse tudo que importasse, agora age como se os assuntos do corpo não tivessem a mínima importância. É claro que isso não é verdade — como a entidade logo (e às vezes penosamente) lembrará.

Você é um ser composto de três partes: corpo, mente e alma. Sempre o será, não apenas enquanto viver na Terra.

Há pessoas que supõem que com a morte o corpo e a mente são abandonados. Mas não *são. O corpo muda de forma, deixando para trás a sua parte mais densa, mas mantendo sempre a sua exterioridade. A mente (não confunda com o cérebro) também o acompanha, unindo-se ao espírito e ao corpo como uma massa de energia de três dimensões, ou facetas.*

Se você escolher voltar a ter a oportunidade de experimentar o que chama de vida na Terra, seu Eu divino separará novamente suas dimensões no que você chama de corpo, mente e espírito. Na verdade você é uma só energia, com três características distintas.

Quando você decide habitar um novo corpo físico na Terra, seu corpo etéreo (como alguns o chamam) diminui o ritmo das suas vibrações — deixa de produzir vibrações tão rápidas que não podem ser vistas, e as produz com uma velocidade que gera massa e matéria. Essa matéria é a criação do puro pensamento — o trabalho da sua mente, o aspecto mental mais sublime de seu ser formado por três partes.

Essa matéria é uma solidificação de trilhões de unidades de energia diferentes em uma enorme massa, controlável pela mente... você é realmente um mestre da mente!

Quando essas pequenas unidades consomem a sua energia, são descartadas pelo corpo, enquanto a mente cria novas. A mente cria através de seu pensamento contínuo a respeito de Quem Você É! O corpo etéreo por assim dizer "capta" o pensamento, e diminui a vibração de mais unidades de energia (em certo sentido as "cristaliza"), e elas se tornam matéria, a sua nova matéria. Desse modo, todas as células de seu corpo mudam ao longo dos anos. Literalmente, você não é a mesma pessoa *que era há alguns anos.*

Se você ficar pensando em doenças (ou sentir constantemente raiva, ou for negativista), seu corpo dará a esses pensamentos uma forma física. Vendo essa forma negativa e doente, as pessoas perguntarão, "qual é o problema?" sem saber o quanto essa pergunta é pertinente.

A alma vê todo esse drama se desenrolar, ano após ano, mês após mês, dia após dia, minuto após minuto, e sempre sabe a Verdade sobre você. Nunca *se esquece do plano original, da primeira idéia, do pensamento criativo. Seu trabalho é literalmente fazê-lo* relembrar, *para que possa mais uma vez lembrar-se de Quem É, e depois escolher Quem Deseja Ser agora.*

Dessa forma o ciclo de criação e experiência, planejamento e execução, conhecimento e avanço rumo ao desconhecido continua, agora e para sempre.

Ufa!

E há muito mais a explicar. Muito mesmo. Mas nunca em um único livro, e provavelmente não em uma única vida. Contudo você começou, o que é bom. Apenas se lembre disso. É como o seu grande mestre William Shakespeare disse: "Há mais coisas entre o Céu e a Terra do que imagina a nossa vã filosofia."

Posso lhe fazer algumas perguntas a esse respeito? Como por exemplo, quando o Senhor diz que a mente me acompanha após a morte, isso significa que a minha "personalidade" me acompanha? Após a morte eu saberei quem era?

Sim... e quem sempre foi. Tudo ficará claro para você — porque então será bom saber. Neste momento, não é.

E no que diz respeito a esta vida, haverá um retrospecto, um acerto de contas?

Não há julgamento no que você chama de vida após a morte. Não lhe será nem mesmo permitido julgar a si mesmo (porque você certamente seria muito rigoroso, visto que é muito crítico e implacável consigo mesmo em sua vida atual).

Não, não há um acerto de contas, "polegares para cima ou para baixo". Apenas os humanos são julgadores, e porque são presumem que Eu devo ser. Contudo, não sou — e esta é uma grande verdade que vocês não conseguem aceitar.

Mas embora não vá haver julgamento após a morte, haverá a oportunidade de rever tudo que você pensou, disse e fez na Terra, e de decidir se é isso que escolheria de novo, baseado em Quem Você Diz Que É, e Quem Deseja Ser.

Há uma doutrina mística oriental chamada Kama Loca — segundo essa doutrina, no momento da morte as pessoas têm a oportunidade de experimentar todos os pensamentos que tiveram, todas as palavras que falaram e todos os atos que realizaram, não de seu ponto de observação, mas do de todas as outras pessoas envolvidas. Em outras palavras, *nós já* sabemos o que nossos pensamentos, nossas palavras e nossos atos nos fizeram sentir — então temos a experiência de sentir o que as *outras pessoas* sentiram nesses momentos — e é assim que decidimos se pensaremos, diremos ou faremos essas coisas de novo. Algum comentário?

O que ocorre em sua vida futura é muito extraordinário para ser descrito aqui em termos que você poderia compreender — porque a experiência ocorre em outra dimensão e não pode ser descrita por meios tão limitados como as palavras. Basta dizer que você terá a oportunidade de rever a sua vida atual, sem aflição, medo ou julgamento, com o objetivo de decidir como se sente em relação à sua experiência, e para onde deseja ir a partir daí.

Muitos de vocês decidirão voltar a esse mundo de densidade e relatividade para ter outra chance de experimentar as decisões que tomam e as escolhas que fazem em relação ao seu Eu nesse nível.

Outros, um grupo seleto, voltarão com uma missão diferente: cumprir o objetivo da alma de trazer à luz outras pessoas na densidade e na matéria. Sempre há na Terra aqueles entre vocês que fizeram essa escolha. Você pode reconhecê-los imediatamente. Seu trabalho terminou. Eles voltaram à Terra apenas para ajudar os outros. Essa é a sua alegria, a sua glorificação. Eles só querem ser úteis.

Você não pode deixar de ver essas pessoas. Estão em toda parte. Há mais delas do que você imagina. As chances são de que conheça alguma, ou tenha ouvido falar de alguma.

Eu sou uma delas?

Não. Se tem de perguntar, não é. Uma pessoa assim não faz perguntas a respeito de ninguém. Não há o que perguntar.

Você, Meu filho, nessa vida é um mensageiro. Um precursor. Um homem que traz novidades, busca e freqüentemente revela a Verdade. Isso é suficiente para uma vida. Seja feliz.

Ah, eu *sou*. Mas sempre posso esperar mais!

Sim! E sempre esperará. Está em sua natureza. É a natureza divina tentar sempre ser mais.

Então tente sim, por todos os meios.

Agora Eu quero responder definitivamente à pergunta com que você começou esta parte da nossa conversa.

Vá em frente e faça *o que realmente adora fazer! Não faça outra coisa! Você tem muito pouco tempo. Como pode pensar em desperdiçar um minuto fazendo o que não gosta para ganhar a vida? Que tipo de vida é* essa? *Não é uma vida, é a* morte!

Se você disser, "mas, mas... há outras pessoas que dependem de mim... pequenas bocas para alimentar... uma esposa que está me observando..." Eu responderei: se você insiste em que a sua vida é o que o seu corpo está fazendo, não entende por que foi para o seu planeta. Pelo menos faça algo que o agrade, e mostre Quem Você É.

Então pelo menos pode parar de ressentir-se e ter raiva daqueles que imagina que estão sendo um obstáculo à sua felicidade.

O que o seu corpo faz não deve ser desprezado. É importante, mas não do modo que você pensa. Os atos do corpo devem ser reflexos de um modo de ser, não tentativas de ser de um determinado modo.

Na verdadeira ordem dos fatos as pessoas não fazem algo para ser *felizes —* são *felizes e por isso* fazem *algo. Não fazem algo para* ser *compassivas,* são *compassivas e por isso agem de um determinado modo. A decisão da alma precede o ato do corpo em uma pessoa muito consciente. Apenas uma pessoa inconsciente tenta ser de um determinado modo através de algo que o corpo está fazendo.*

Isso é o que significa a afirmação: "Sua vida não é o que o seu corpo está fazendo." Contudo, é verdade que o que o seu corpo está fazendo é um reflexo do que a sua vida é.

Essa é outra dicotomia divina.

Mas saiba disto se não entender mais nada:

Você tem direito *à felicidade — com ou sem filhos, com ou sem esposa. Procure-a! Encontre-a! E terá uma família feliz, não importa quanto dinheiro ganhe ou deixe de ganhar. E se eles não forem felizes o deixarão, por isso libere-os com amor para procurar a felicidade* deles.

Se, por outro lado, você tiver evoluído até o ponto em que os assuntos do corpo não mais o preocupam, então está ainda mais livre para procurar a sua felicidade, assim na Terra como no Céu. Deus diz que é bom ser feliz, *sim, até mesmo em seu* trabalho.

Sua vida profissional é uma afirmação de Quem Você É. Se não for, então por que está fazendo o que faz?

Imagina que tem de fazer?

Você não tem de fazer coisa alguma.

Se "o homem que sustenta a sua família a todo custo, até mesmo de sua própria felicidade" é Quem Você É, então ame *o seu trabalho, porque está* facilitando *a criação de uma* afirmação realista do seu Eu.

Se "a mulher que tem um emprego que detesta para cumprir o que considera suas responsabilidades" é Quem Você é, então ame *o seu trabalho porque confirma a sua auto-imagem, o conceito do seu Eu.*

Todos podem amar tudo quando compreendem o que estão fazendo, e por quê.

Ninguém faz o que não quer.

Capítulo 13

Como posso resolver alguns dos meus problemas de saúde? Fui vítima de problemas crônicos suficientes para três vidas. Por que estou tendo todos estes agora — *nesta* vida?

Primeiro, vamos deixar um fato bem claro. Você os adora. Pelo menos, adora a maioria deles. Você os tem usado muito bem para sentir pena de si mesmo e atrair atenções.

Nas poucas ocasiões em que não os adorou, foi apenas porque foram longe demais. Mais longe do que imaginou quando os criou.

Agora vamos entender o que provavelmente já sabe: todas as doenças são criadas por você mesmo. Até mesmo os médicos convencionais estão agora percebendo como as pessoas tornam-se doentes.

A maioria das pessoas o faz bastante inconscientemente. (Não sabe o que está fazendo.) Então quando essas pessoas adoecem, não sabem o que houve. É como se algo lhes tivesse sucedido, em vez de terem feito algo consigo mesmas.

Isso ocorre porque a maioria das pessoas vive — não apenas no que diz respeito aos problemas de saúde e suas conseqüências — inconscientemente.

As pessoas fumam e se perguntam por que sofrem de câncer.

Ingerem carnes de animais e gordura e se perguntam por que suas artérias ficam bloqueadas.

Sentem raiva durante todas as suas vidas e se perguntam por que têm ataques do coração.

Competem umas com as outras — impiedosamente e sob incrível tensão — e se perguntam por que sofrem derrame cerebral.

A verdade não tão óbvia é que a maioria das pessoas se preocupa até morrer.

A preocupação é a pior forma de atividade mental que existe — depois da raiva, que é muito autodestrutiva. A preocupação é inútil. É energia mental desperdiçada. Também cria reações bioquímicas que prejudicam o corpo, provocando desde indigestão a parada cardíaca, além de muitas outras conseqüências.

A saúde melhorará quase imediatamente quando a preocupação acabar.

A preocupação é a atividade da mente que não entende a sua ligação Comigo.

O ódio é a condição mental mais nociva. Envenena o corpo, e seus efeitos são praticamente irreversíveis.

O medo é o oposto de tudo que você é, e por isso tem um efeito de oposição à sua saúde mental e física. O medo é preocupação exagerada.

Preocupação, ódio, medo, junto com as suas ramificações: ansiedade, amargura, impaciência, avareza, crueldade, espírito crítico e condenação — atacam o corpo no nível celular. É impossível ter um corpo saudável nessas condições.

De igual modo, embora em um grau um pouco menor, vaidade, comodismo e ganância levam a doença física, ou falta de bem-estar.

Todas as doenças são criadas primeiro na mente.

Como pode ser isso? E as doenças contraídas de outra pessoa, como os resfriados ou a AIDS?

Nada ocorre em sua vida — nada — que não é primeiro um pensamento. Os pensamentos são como ímãs, que atraem os efeitos para você. O pensamento pode não ser sempre óbvio, e portanto claramente causativo, como em "vou contrair uma doença terrível". Pode ser (e geralmente é) muito mais sutil do que isso. ("Não mereço viver.") ("Minha vida é sempre conturbada.") ("Sou um perdedor.") ("Deus vai me castigar.") ("Estou doente e cansado da vida!")

Os pensamentos são uma forma de energia muito sutil, e no entanto extremamente poderosa. As palavras são menos sutis, menos densas. Os atos são mais densos do que ambos. Ato é energia em densa forma física, em pesado movimento. Quando você pensa, diz e age de acordo com um conceito negativo como "Sou um perdedor", coloca em movimento uma enorme energia criativa. Não admira que pegue um resfriado. Isso é o mínimo que poderia ocorrer.

É muito difícil reverter os efeitos do pensamento negativo depois que assumem uma forma física. Não é impossível, mas é muito difícil. Exige um ato de fé extrema, uma fé extraordinária na força positiva do Universo, quer você a chame de Deus, Deusa, Força Primária, Causa Primeira ou o que quer que seja.

Os curandeiros têm essa fé. É uma fé que se transforma em Conhecimento Absoluto. Eles sabem que você deve ser inteiro, completo e perfeito no momento atual. *Esse conhecimento também é um pensamento — muito poderoso. Tem o poder de mover montanhas — para não falar nas moléculas do seu corpo. É por esse motivo que os curandeiros podem curar, freqüentemente até mesmo a distância.*

O pensamento não conhece distâncias. Viaja pelo mundo e percorre o Universo mais rápido do que você pode dizer a palavra.

"Dizei uma só palavra e meu servo será curado." E foi assim naquela mesma hora, antes mesmo de sua frase ser terminada. Tamanha era a fé do centurião.

Contudo, todos vocês são leprosos mentais. Sua mente está corroída por pensamentos negativos. Alguns deles lhes são impostos. Muitos vocês mesmos criam, fazem aparecer, e depois se fixam neles durante horas, dias, semanas, meses, até mesmo anos.

...e se perguntam por que estão doentes.

Você pode "resolver alguns dos problemas de saúde", como os chama, resolvendo os problemas em seu pensamento. Sim, pode curar algumas das doenças que adquiriu (causou a si mesmo), assim como evitar o aparecimento de outras. E pode fazê-lo mudando o seu pensamento.

Também — e Eu não gosto de sugerir isso porque parece muito mundano vindo de Deus, mas — pelo amor de Deus, cuide-se melhor*!*

Você não cuida do seu corpo, não lhe dá atenção até suspeitar que há algo de errado. Praticamente não faz check-up *algum em termos de prevenção. Cuida melhor do seu carro do que do seu corpo, e isso não é dizer muito.*

Você não só não se cuida fazendo check-ups *regularmente, indo ao médico uma vez por ano e usando terapias e remédios que lhe foram prescritos (por que vai ao médico para obter ajuda e depois não toma os remédios prescritos? Pode Me responder?) — como também maltrata muito o seu corpo entre essas visitas ao médico!*

Você não o exercita, por isso fica flácido, *e pior ainda, fraco.*

Você não o alimenta adequadamente, enfraquecendo-o ainda mais.

Depois o enche de toxinas e venenos e das substâncias mais absurdas consideradas alimento. E ainda assim essa máquina maravilhosa corre para você, segue em frente bravamente apesar dessa agressão.

As condições sob as quais você pede ao seu corpo para sobreviver são horríveis, mas faz pouco ou nada em relação a elas. Você lerá isto, fará um gesto com a cabeça para indicar que concorda com o que Eu digo e está arrependido e voltará a fazer tudo isso de novo. E sabe por quê?

Tenho medo de perguntar.

Porque não tem vontade *de viver.*

Isso parece ser uma acusação dura.

Não é Minha intenção que seja dura, e tampouco uma acusação. "Dura" é um termo relativo; um julgamento que você impôs às palavras. "Acusação" indica culpa, e "culpa" indica mau procedimento. Não há mau procedimento envolvido aqui e, portanto, não há culpa e acusação.

Eu fiz uma simples afirmação da verdade. Como todas as afirmações da verdade, tem a capacidade de despertá-lo. Algumas pessoas não gostam de ser despertas. A maioria não gosta, prefere permanecer adormecida.

O mundo se encontra nas condições atuais porque está cheio de sonâmbulos.

No que diz respeito à minha afirmação, o que parece falso? Você não tem vontade *de viver. Pelo menos, não teve até agora.*

Se você me disser que "acabou de sofrer uma transformação", Eu reavaliarei a minha previsão do que fará agora. Reconheço que essa previsão se baseia na experiência passada.

...também foi Minha intenção fazê-lo despertar. Às vezes, quando uma pessoa está profundamente adormecida, é preciso sacudi-la um pouco.

Eu vi no passado que você tem tido pouca vontade de viver. Agora pode negar isso, mas nesse caso seus atos dizem mais do que suas palavras.

Se você já acendeu um cigarro em sua vida — e ainda mais se fumou um maço de cigarros por dia durante 20 anos, como fez

— tem pouca vontade de viver. Não se importa com o que faz com o seu corpo.

Mas eu *parei* de fumar há 10 anos!

Somente depois de 20 anos de severa punição física.

E se você já colocou álcool em seu corpo, tem muito pouca vontade de viver.

Eu bebo moderadamente.

O corpo não foi feito para receber álcool, que debilita a mente.

Mas *Jesus* ingeriu álcool! Ele foi ao casamento e transformou água em vinho!

Quem disse que Jesus era perfeito?

Ah, pelo amor de Deus!

Diga-Me, está ficando aborrecido Comigo?

Bem, longe de mim a idéia de ficar *aborrecido com Deus.* Quero dizer, seria muita insolência da minha parte, não? Mas eu realmente acho que podemos levar isso um pouco mais longe. Meu pai me ensinou que "tudo poderia ser feito com moderação". Creio que agi assim em relação ao álcool.

O corpo pode recuperar-se mais facilmente do uso moderado. Desse modo, o que seu pai disse é útil. Entretanto, Eu insisto na minha afirmação original: o corpo não foi feito para receber álcool.

Mas até mesmo alguns remédios contêm álcool!

Eu não tenho controle sobre o que vocês chamam de remédios, e insisto na minha afirmação.

O Senhor é realmente rígido, não?

Veja bem, verdade é verdade. Agora, se alguém dissesse, "um pouco de álcool não lhe fará mal", e colocasse essa afirmação no contexto da vida que você está levando, Eu poderia concordar com essa pessoa, o que não muda a verdade do que Eu disse. Simplesmente lhe permite ignorá-la.

Contudo, considere isto: atualmente vocês tipicamente humanos usam os seus corpos durante 50 a 80 anos. Alguns duram mais, mas não muitos. Outros param de funcionar mais cedo, mas não são a maioria. Concorda com isso?

Sim.

Está certo, então temos um bom ponto de partida para essa discussão. Quando Eu disse que poderia concordar com a afirmação de que "Um pouco de álcool não lhe fará mal", qualifiquei isso acrescentando "no contexto da vida que você está levando". Você percebe, as pessoas parecem satisfeitas *com a vida que estão levando. Mas você pode ficar surpreso ao saber que a vida foi feita para ser levada de um modo totalmente diferente. E seu corpo foi feito para durar* muito mais.

Foi?

Sim.

Quanto mais?

Infinitamente mais.

O que isso significa?

Significa, Meu filho, que seu corpo foi feito para durar eternamente.

Eternamente?

Sim. Leia isto: "para todo o sempre".

O Senhor quer dizer que não devemos morrer?

Vocês nunca morrem. A vida é eterna. São imortais. Simplesmente mudam de forma. Mas nem mesmo tinham de fazer isso. Foram vocês quem decidiram que seria assim, não Eu. Eu fiz corpos que durariam eternamente. *Você realmente acha que o melhor que Deus poderia fazer era um corpo que duraria 60, 70 ou talvez 80 anos e depois se desintegraria? Imagina que esse é o limite da Minha capacidade?*

Eu nunca pensei em colocar isso exatamente assim...

Eu fiz o seu magnífico corpo para durar para sempre! *E os primeiros de vocês* realmente *viveram no corpo praticamente livres de dor, e sem medo do que agora chamam de morte.*

Em sua mitologia religiosa, vocês simbolizam sua memória celular dessas primeiras versões humanas chamando-as de Adão e Eva. Na verdade, é claro que existiram mais de dois.

No início, a idéia era vocês, almas maravilhosas, terem uma chance de conhecer os seus "Eus" como Realmente São através de experiências realizadas no corpo físico, no mundo relativo — como Eu expliquei repetidamente aqui.

Isso foi feito através da diminuição do ritmo intenso de todas as vibrações (forma de pensamento) para produzir matéria — inclusive a que chamam de corpo físico.

A vida evoluiu através de uma série de passos no piscar de um olho que vocês agora chamam de bilhões de anos. E nesse instante sagrado vocês vieram do mar, da água da vida, para a terra assumir a forma que agora têm.

Então os evolucionistas estão *certos*!

Eu acho engraçado — de fato, isso sempre me diverte — o fato de os seres humanos terem tanta necessidade de separar tudo em certo ou errado. Nunca lhes ocorre que criaram esses rótulos *para ajudá-los a definir o que é relativo à matéria e seus "Eus".*

Nunca lhes ocorre (isso só ocorre às mentes mais aguçadas) que as coisas podem ser ao mesmo tempo certas e erradas; que apenas no mundo relativo elas são certas ou *erradas. No mundo do absoluto, em que o tempo não existe,* todas as coisas são tudo.

Não há homem e mulher, antes e depois, rápido e devagar, aqui e lá, em cima e embaixo, esquerda e direita — e certo e errado.

Seus astronautas tiveram uma noção disso. Eles imaginaram que subiriam *para o espaço cósmico apenas para descobrir quando chegaram lá que estavam olhando para cima, para a Terra. Ou não estavam? Talvez estivessem olhando para baixo, para a Terra! Mas então, onde estava o Sol? Em cima? Embaixo? Não! Ali, à esquerda!*

Então subitamente uma coisa não estava em cima ou embaixo — mas na lateral... *e assim todas as definições* desapareciam.

É assim em Meu mundo, nosso *mundo, nossa esfera real. Todas as definições desaparecem, tornando difícil até mesmo falar sobre essa esfera em termos definidos.*

A religião é a sua tentativa de falar sobre o indizível. Não se sai muito bem nisso.

Não, Meu filho, os evolucionistas não estão certos. Eu criei tudo — tudo — *no piscar de um olho; em um instante sagrado, como disseram os criacionistas.* E... *isso foi feito através de um processo de evolução que demorou bilhões e bilhões do que vocês chamam de anos, como dizem os evolucionistas.*

Ambos *estão "certos". Como os astronautas descobriram,* tudo depende de como você vê.

Mas a verdadeira pergunta é: um instante sagrado/bilhões de anos, qual é a diferença? Você pode simplesmente concordar em que em algumas das questões da vida o mistério é grande demais para você resolver? E por que não permitir ao sagrado ser sagrado, e deixá-lo em paz?

Acho que todos nós temos uma necessidade insaciável de saber.

Mas vocês já *sabem! Eu acabei de dizer! Todavia, não querem conhecer a Verdade, querem conhecer a verdade* como a compreendem. *Este é o maior obstáculo à iluminação. Vocês acham que já conhecem a verdade, que já* compreendem *qual é. Por isso concordam com tudo que vêem, ouvem ou lêem que está de acordo com o paradigma da sua compreensão e rejeitam tudo que não está. E chamam a isso de aprendizado, estar dispostos a aceitar ensinamentos.* Ah! Vocês nunca poderão estar dispostos a aceitar ensinamentos enquanto estiverem dispostos a rejeitar tudo, exceto a sua própria verdade.

Por esse motivo, este livro será considerado por alguns uma blasfêmia — obra do demônio.

Porém, aqueles que têm ouvidos para ouvir, que ouçam. Eu lhes digo que vocês não foram feitos para morrer. *Sua forma física foi criada como uma ótima oportunidade; um maravilhoso instrumento; um glorioso veículo que lhe permite experimentar a realidade que criou com a sua mente, conhecer o Eu que criou em sua alma.*

A alma imagina, a mente cria, o corpo experimenta. O círculo está completo. Então a alma se conhece em sua própria experiência. Se não gosta do que está experimentando (sentindo), ou deseja por qualquer motivo uma experiência diferente, simplesmente imagina uma nova experiência do Eu, e literalmente muda a sua mente.

Logo o corpo se vê tendo uma nova experiência. ("Eu sou a ressurreição e a Vida" foi um ótimo exemplo. Como acha que Jesus fez isso? Ou não acredita que aconteceu? Pois acredite. Aconteceu*!)*

Contudo, a alma nunca dominará o corpo ou a mente. Eu o criei como um ser trino. Você é três seres em um, criado à Minha imagem e semelhança.

Os três aspectos do Eu não são diferentes entre si. Cada um deles tem uma função, mas nenhuma é mais importante do que a outra, ou a precede. *Todas estão correlacionadas de um modo exatamente igual.*

Imagine, crie, experimente. O que você imagina cria, o que cria experimenta, o que experimenta imagina.

É por isso que é dito que se você puder fazer o seu corpo experimentar algo (como, por exemplo, a abundância), logo terá a sensação dela em sua alma, que a imaginará de um novo modo (a saber, abundante), dessa forma apresentando à sua mente um novo pensamento sobre isso. Do novo pensamento surge mais experiência, e o corpo começa a viver uma nova realidade como um modo de ser permanente.

Seu corpo, sua mente e sua alma (seu espírito) são um só. Nisso, você é um microcosmo de Mim — o Todo Divino, o Tudo Sagrado, a Essência. Agora você entende por que Eu sou o princípio e o fim de tudo, o Alfa e o Ômega.

Agora Eu lhe explicarei o maior mistério: seu relacionamento exato e verdadeiro Comigo.

VOCÊ É O MEU CORPO.

Seu corpo está para sua mente e alma como você está para a Minha mente e alma. Portanto:

Tudo que Eu experimento é através de você.

Como seu corpo, sua mente e sua alma são um só, também o são Meu corpo, Minha mente e Minha alma.

Tanto é assim que Jesus de Nazaré, entre os muitos que compreenderam esse mistério, disse a imutável verdade quando afirmou: "Eu e o Pai somos Um Só."

Agora Eu lhe direi que há verdades ainda maiores do que essa, das quais um dia você será conhecedor. Porque como você é o Meu corpo, Eu sou o corpo de outrem.

O Senhor quer dizer que *não* é Deus?

Sim, Eu sou Deus, como vocês agora O imaginam, Deusa como agora A imaginam. Sou o Idealizador e Criador de Tudo que agora conhecem e experimentam, e vocês são Meus filhos... como Eu sou o filho de outrem.

Está tentando me dizer que até mesmo Deus tem um Deus?

Estou lhe dizendo que a sua percepção da realidade máxima é mais limitada do que pensava, e que a Verdade é mais ilimitada do que pode imaginar.

Eu estou lhe dando uma vaga noção do infinito, e amor infinito. (Você não poderia ter outra maior em sua realidade. Mal pode ter essa.)

Espere um minuto! Está dizendo que eu realmente *não* estou falando com Deus aqui?

Eu lhe disse — se você imagina Deus como seu criador e mestre, como é o criador e mestre do seu próprio corpo — Eu sou o Deus da sua compreensão. E sim, está falando Comigo. Está sendo uma conversa ótima, não?

Ótima ou não, eu pensei que estava conversando com o verdadeiro Deus. O Deus dos Deuses. O Senhor sabe, o chefe.

Você está. Acredite em Mim.

E no entanto está dizendo que há alguém acima do Senhor nessa hierarquia.

Agora estamos tentando fazer o impossível, que é falar sobre o indizível. Como Eu já disse, é o que a sua religião tenta fazer. Deixe-Me ver se encontro um modo de resumir isso.

Para Sempre é mais do que você imagina. Eterno é mais do que Para Sempre. Deus é mais do que você imagina. Imaginar é mais do que Deus. Deus é a energia a que chama de imaginação, é criação, primeiro pensamento. E Deus é a última experiência, e tudo no meio.

Você já olhou através de um microscópio potente, ou assistiu a filmes sobre ação molecular, e disse, "há todo um Universo lá! E para esse Universo eu, o observador, devo parecer Deus!" Já disse isso, ou teve esse tipo de experiência?

Sim. Acho que todas as pessoas tiveram.

De fato. E você teve por si mesmo uma vaga noção do que Eu estou lhe mostrando aqui.

E o que faria se Eu lhe dissesse que essa realidade, da qual teve uma noção, nunca termina?

Eu lhe pediria para explicar isso.

Pegue a menor parte do Universo que pode imaginar. Imagine essa partícula de matéria.

Está bem.

Agora corte-a ao meio.

Está bem.

O que você tem?

Duas metades menores.

Exatamente. Agora faça isso de novo. O que você tem?

Duas metades *ainda menores.*

Certo. Agora continue. O que tem?

Partes cada vez menores.

Sim, mas isso não pára? Quantas vezes pode dividir a matéria até que ela deixe de existir?

Eu não sei. Acho que nunca deixa de existir.

Quer dizer que nunca pode destruí-la totalmente? Tudo que pode fazer é mudar a sua forma?

Parece que sim.

Eu lhe digo que você acabou de descobrir o segredo de toda a vida, e de ver o infinito.
Agora tenho uma pergunta para lhe fazer.

Sim...

O que o faz achar que o infinito segue uma única direção?

Então... não há fim para cima, como não há para baixo.

Não há *em cima ou embaixo, mas Eu entendo o que quer dizer.*

Mas se não há fim para a pequenez, também não há para a grandeza.

Correto.

Mas se não há fim para a grandeza, então não existe o *maior*. Isso significa, no sentido mais amplo, que *não existe Deus*!

Ou que talvez tudo é Deus, e não existe mais nada.

Eu lhe digo que EU SOU O QUE SOU.

E VOCÊ É O QUE É. Não pode não *ser. Pode mudar tudo que deseja, mas não pode deixar de ser. Contudo, pode não saber Quem É — e por esse motivo, experimentar* apenas a metade do que é.

Isso seria o Inferno.

Exatamente. Mas você não está condenado ao Inferno para todo o sempre. Tudo que é preciso para sair de lá — para livrar-se dessa falta de conhecimento — é conhecer novamente.

Você pode fazer isso de muitos modos, e em muitos lugares (dimensões).

Está em uma dessas dimensões agora, que se chama, em sua interpretação, a terceira dimensão.

E há muitas mais?

Eu não lhe disse que em Meu Reino há muitas moradas? Não teria dito isso se não houvesse.

Então o Inferno *não* existe. Quero dizer, não há um lugar ou uma dimensão a que estamos eternamente condenados!

Qual seria o objetivo disso?

No entanto, você está sempre limitado por seu conhecimento — porque você é um ser que criou a si próprio, como Eu Me criei.

Você não pode ser o que não sabe que o seu Eu é.

É por isso que lhe foi dada essa vida, para que pudesse conhecer a si próprio experimentalmente. Então poderá imaginar-se como Quem

Realmente É, e criar-se como tal em sua experiência, e o círculo estará novamente completo... só que maior.

Portanto, você está passando pelo processo de crescimento — ou, como Eu disse em todo este livro, de tornar-se.

Não há limite *para o que pode tornar-se.*

Quer dizer que posso até mesmo tornar-me, ouso dizer?, um Deus... como o Senhor?

O que você *acha?*

Não sei.

Enquanto não souber, não poderá. Lembre-se do triângulo — da Santíssima Trindade: espírito-mente-corpo. Imaginar-criar-experimentar. Lembre-se, usando a sua simbologia, de que:

ESPÍRITO SANTO = INSPIRAÇÃO = IMAGINAR
PAI = FONTE = CRIAR
FILHO = FRUTO = EXPERIMENTAR

O Filho experimenta a criação do pensamento, que provém do Espírito Santo.

Você pode imaginar-se como sendo um dia um Deus?

Em meus momentos de maior insensatez.

Ótimo, porque Eu lhe digo que já é um Deus. Só que não sabe.

Eu não disse "vocês são Deuses"?

Capítulo 14

Pronto. Eu expliquei tudo para você. A vida. Como funciona. Sua razão e seu objetivo. Em que mais posso lhe ser útil?

Não há nada mais que eu possa perguntar. Eu Lhe agradeço muito por esse incrível diálogo. Foi muito esclarecedor e abrangente. E, ao olhar para as minhas perguntas originais, vejo que respondemos às primeiras cinco — relacionadas com a vida, os relacionamentos, o dinheiro, as carreiras e a saúde. Como sabe, eu tinha mais perguntas na lista original, mas de algum modo essas discussões as fizeram parecer irrelevantes.

Sim. Ainda assim, você as fez. Vamos responder rapidamente às que faltam, uma a uma. Agora que estamos indo tão depressa com este material...

Que material?

O material que Eu trouxe aqui para lhe mostrar — agora que estamos indo tão depressa com este material, vamos responder rapidamente às perguntas que faltam.

6. Qual é a lição cármica que devo aprender aqui? O que estou tentando conhecer a fundo?

Você não está aprendendo nada aqui. Não tem nada a aprender. Só tem a lembrar-se. Isto é, lembrar novamente de Mim.

O que você está tentando conhecer a fundo? Está tentando conhecer a fundo o próprio conhecimento.

7. A reencarnação existe? Quantas vidas passadas eu tive? Quem fui nelas? O "débito cármico" é uma realidade?

É difícil acreditar que ainda há uma dúvida em relação a isso. Acho difícil imaginar. Tem havido tantos relatos de fontes confiáveis de experiências passadas! Algumas dessas pessoas fizeram descrições muito detalhadas de eventos, e apresentaram provas incontestáveis de que não haviam inventado tudo para enganar pesquisadores ou entes queridos.

Você teve 647 vidas passadas, já que insiste em que Eu seja exato. Essa é a de número 648. Você foi tudo *nelas. Um rei, uma rainha, um servo. Um professor, um aluno, um mestre. Um homem, uma mulher. Um guerreiro, um pacifista. Um herói, um covarde. Um matador, um salvador. Um sábio, um idiota. Você foi* tudo *isso!*

Não, não existe o débito cármico — não no sentido a que você se refere nessa pergunta. Um débito é algo que deve ou deveria ser reparado. Você não é obrigado a fazer coisa alguma.

Ainda assim, há certas coisas que deseja *fazer;* escolhe *experimentar. E algumas dessas escolhas dependem do que experimentou antes — do desejo provocado pelo que já experimentou.*

Isso é o mais próximo que as palavras podem chegar do que você chama de carma.

Se o carma é o desejo inato de ser melhor, maior, evoluir, olhar para ocorrências e experiências passadas como um modo de avaliá-las, então sim, o carma existe.

Mas não exige coisa alguma. *Nada jamais é exigido. Você é, como* sempre *foi, um ser com livre-arbítrio.*

8. Às vezes eu me sinto muito sensível a forças psíquicas. A "mediunidade" existe? Eu sou médium? As pessoas que afirmam ser médiuns estão "fazendo um pacto com o demônio"?

Sim, a mediunidade existe. Você é médium. Todas as pessoas *são médiuns. Não há uma só pessoa que não tenha o que você chama de habilidade psíquica, há apenas quem não sabe usá-la.*

Usar a habilidade psíquica não é nada mais do que usar o sexto sentido.

Obviamente, isso não é "fazer um pacto com o demônio", ou Eu não lhe teria dado *esse sentido. E é claro que* não *há um demônio com o qual fazer um pacto.*

Um dia — talvez no Livro Dois — Eu lhe explicarei exatamente como a energia e a habilidade psíquica funcionam.

Haverá um Livro Dois?

Sim. Mas vamos terminar este primeiro.

9. É certo receber dinheiro para praticar o bem? Se eu escolher realizar um trabalho de cura no mundo — o trabalho de Deus — posso realizá-lo e também ficar em boa situação financeira? Ou as duas dádivas são incompatíveis?

Eu já respondi a isso.

10. O sexo é permitido? Qual é a verdadeira história por trás dessa experiência humana? O sexo é apenas para procriação,

como dizem algumas religiões? A santidade e a iluminação são conseguidas através da negação — ou transmutação — da energia sexual? É certo ter sexo sem amor? Apenas a sensação física é um motivo válido?

É claro que o sexo é "permitido". Mais uma vez, se Eu não quisesse que você participasse de certos jogos, não teria lhe dado esses brinquedos. Você dá a seus filhos coisas com que não quer que eles brinquem?

Brinque *com o sexo!* É uma ótima diversão*! A melhor que você pode* ter *com o seu corpo, se está se referindo a experiências estritamente físicas.*

Mas por favor não destrua a inocência sexual, o prazer, a pureza e a alegria da diversão fazendo mau uso do sexo. Não o use para ter poder, ou com um objetivo oculto; para gratificação do ego ou domínio; com qualquer outro objetivo além da alegria mais pura e do maior êxtase — obtido e partilhado — que é o amor, *e o amor* recriado *— que é a nova vida! Eu não escolhi um modo delicioso de* criar mais de vocês?

Quanto à negação, Eu já tratei disso antes. Nada que é sagrado pode ser obtido através da negação. Contudo, os desejos *mudam quando realidades ainda maiores são vislumbradas. Por isso, não é raro as pessoas* desejarem *menos, ou até mesmo nenhuma, atividade sexual — ou nenhuma de várias atividades do corpo. Para algumas delas, as atividades da alma se tornam as principais — e muito mais agradáveis.*

O lema é: cada um que faça o que quiser, sem julgamentos.

O final da sua pergunta é respondido assim: você não precisa ter um motivo para coisa alguma. Seja apenas a causa.

Seja a causa da sua experiência.

Lembre-se de que a experiência produz a idéia do Eu, que produz a criação, que produz a experiência.

Você quer experimentar-se como uma pessoa que tem sexo sem amor? Vá em frente! Fará isso até não querer mais. E a única coisa que o fará — que poderá fazê-lo — parar com esse ou qualquer outro comportamento, é o seu novo pensamento que surge a respeito de Quem É.

É simples, e complexo, assim.

11. Por que o Senhor tornou o sexo uma experiência humana tão boa, surpreendente e intensa se todos nós devemos evitá-la o máximo possível? Eu não compreendo. E por que todas as coisas boas são "imorais, ilegais ou engordam"?

Eu também respondi ao final dessa pergunta, com o que acabei de dizer. Todas as coisas boas não *são imorais, ilegais ou engordam. Entretanto, sua vida é um exercício interessante de definir o que é bom.*

Para alguns, "bom" significa sensações físicas. Para outros, pode ser algo totalmente diferente. Tudo depende de Quem Você Pensa Que É, e do que está fazendo.

Há muito mais a ser dito sobre o sexo do que o que está sendo dito aqui, mas nada mais essencial do que isto: sexo é alegria, *e muitos de vocês tornaram-no tudo menos isso.*

Sexo também é sagrado. Mas a alegria e o sagrado se misturam (de fato, são a mesma coisa), e muitos de vocês pensam que não.

Suas atitudes em relação ao sexo formam um microcosmo de suas atitudes em relação à vida. A vida deveria ser uma alegria, uma colaboração, e tornou-se uma experiência de medo, ansiedade, "insuficiência", inveja, raiva e tragédia. O mesmo pode ser dito em relação ao sexo.

Você reprimiu o sexo como reprimiu a vida, em vez de expressar plenamente o seu Eu, com abandono e alegria.

Você se envergonha do sexo, como se envergonha da vida, chamando-a de ruim e pecaminosa, em vez de a maior dádiva e o maior prazer.

Antes que diga que não se envergonha da vida, veja as suas atitudes coletivas em relação a ela. Quatro quintos da população mundial consideram a vida uma provação, um débito cármico que deve ser pago, uma escola com duras lições que devem ser aprendidas e, em geral, uma experiência a ser suportada enquanto se espera *pela verdadeira alegria, que vem* após a morte.

É *uma vergonha que tantos de vocês* pensem *assim. Não admira que se envergonhem do próprio ato que cria a vida.*

A energia que está por trás do sexo é a energia que está por trás da vida; que é a vida! A atração e o desejo profundo, e com freqüência premente, de ir na direção *um do outro, de tornar-se um só, é a dinâmica essencial de todas as vidas. Eu a coloquei em tudo. É inata, inerente, está* dentro *de Tudo Que Existe.*

Os códigos morais, as restrições religiosas, os tabus sociais e os contratos emocionais que vocês criaram em torno do sexo (e, a propósito, em torno do amor e de toda a vida) tornaram praticamente impossível celebrar a vida.

Desde o início dos tempos, tudo que os seres humanos sempre quiseram foi amar e serem amados. E desde o início dos tempos eles fizeram tudo ao seu alcance para tornar isso impossível. O sexo é uma expressão extraordinária do amor: amor ao próximo, amor por si mesmo e amor à vida. *Por isso, vocês deviam adorá-lo! (E adoram, mas não* contam *isso para ninguém; não ousam* dizer o quanto *o adoram, temendo ser chamados de pervertidos. Contudo,* essa *idéia é que é* pervertida.*)*

Em nosso próximo livro, examinaremos melhor o sexo; analisaremos mais detalhadamente a sua dinâmica, porque essa é uma experiência e uma questão que tem muitas implicações em uma escala global.

Por enquanto — e no que diz respeito a você, pessoalmente — apenas saiba disto: nada que Eu lhe dei é vergonhoso, muito menos o seu corpo e as suas funções. Não há necessidade de esconder o seu corpo e as suas funções — ou o amor que sente por seu corpo, ou por alguém.

Seus programas de televisão não se importam de mostrar a violência explícita, mas se recusam a mostrar o amor explícito. Toda a sua sociedade reflete essa prioridade.

12. Há vida em outros planetas? Temos sido visitados por esses seres? Estamos sendo observados agora? Enquanto vivermos, teremos provas — definitivas e incontestáveis — da vida extraterrestre? Cada forma de vida tem o seu próprio Deus? O Senhor é o Deus de Tudo?

Sim para a primeira, a segunda e a terceira partes. Não posso responder à quarta, já que isso exigiria que Eu previsse o futuro, algo que não vou fazer.

Todavia, falaremos muito mais sobre o que é chamado de futuro no Livro Dois, e sobre a vida extraterrestre e a(s) natureza(s) de Deus no Livro Três.

Nossa! Haverá um Livro *Três*?

Deixe-Me descrever em linhas gerais o plano aqui.

O Livro Um contém verdades básicas e conhecimentos elementares, e trata de questões pessoais e temas fundamentais.

O Livro Dois conterá verdades mais abrangentes e conhecimentos mais amplos, e tratará de questões e temas globais.

O Livro Três conterá as verdades maiores que agora você é capaz de compreender, e tratará de questões e temas universais, que têm relação com todos os seres do Universo.

Como você demorou um ano para terminar este livro, terá dois anos para terminar os outros dois.

Eu entendo. Isso é uma ordem?

Não. Se é capaz de fazer essa pergunta, não compreendeu verdade alguma neste livro.

Você escolheu *fazer este trabalho, e* foi *escolhido. O círculo está completo.*

Você compreende?

Sim.

13. A utopia algum dia será possível no planeta Terra? Deus mostrará a Si Mesmo às pessoas da Terra, como prometeu? Haverá uma Segunda Vinda? Haverá um Fim do Mundo — ou um apocalipse, como foi profetizado na Bíblia? Há uma única religião verdadeira? Se houver, qual é?

Isso por si só daria para escrever um livro, e em grande parte estará contido no Volume Três. Eu limitei este primeiro volume a questões mais pessoais e temas mais práticos. Tratarei de questões mais amplas e temas com implicações globais e universais nos livros que virão depois.

Isso é tudo por agora? Não vamos conversar mais?

Já está sentindo a Minha falta?

Sim! Foi divertido! Vamos parar agora?

Você precisa descansar. E todos os seus leitores precisam descansar também. Há muito aqui para ser assimilado e ponderado. Tire um tempo de folga. Reflita sobre isso.

Não se sinta abandonado. Eu estou sempre com você. Se tiver perguntas — relacionadas com o cotidiano — como sei que ainda tem, e continuará a ter, saiba que pode Me chamar para respondê-las. Não precisa ser como Eu faço neste livro.

Esse não é o único modo pelo qual Eu falo com você. Ouça-Me na verdade da sua alma, nos sentimentos do seu coração, no silêncio da sua mente.

Ouça-Me em toda a parte. Sempre que tiver uma pergunta, simplesmente saiba *que Eu já a respondi. Então preste atenção ao seu mundo. Minha resposta pode estar em um artigo que já foi publicado. No sermão que já foi escrito e está prestes a ser dado. No filme que está sendo feito. Na canção composta ontem. Nas palavras ditas por um ente querido. No coração de uma pessoa com quem fará amizade.*

Minha Verdade está no sussurro do vento, no murmúrio do riacho, no estrondo do trovão e no som da chuva.

É sentir a terra, o perfume do lírio, o calor do Sol e a influência da Lua.

Minha Verdade — e a sua maior ajuda nos momentos de necessidade — é tão assustadora quanto o céu noturno, e tão simples e indiscutivelmente certa quanto o balbucio de um bebê.

É tão forte quanto um coração que bate — e tão silenciosa quanto o ar que é inalado Comigo.

Eu não o deixarei, não posso *deixá-lo, porque você é a Minha criação e o Meu produto, Minha filha e Meu filho, Meu objetivo e Meu...*

Eu.

Por isso, chame-Me sempre que estiver separado da paz que Eu sou.

Eu estarei presente.

Com Verdade.

Luz.

E Amor.

Nota do Autor

Desde que recebi e divulguei discretamente as informações contidas neste livro, tenho respondido a muitas perguntas sobre como foram recebidas e sobre o próprio diálogo. Eu aprecio todas, e a sinceridade com que são feitas. As pessoas simplesmente querem saber mais sobre esse assunto, o que é compreensível.

Apesar de desejar responder pessoalmente a todos os telefonemas e cartas, é impossível fazê-lo. Entre outras coisas, eu gastaria muito tempo respondendo basicamente às mesmas perguntas. Por isso pensei em como poderia interagir melhor com vocês e ainda responder a todas as perguntas.

Então decidi escrever uma carta por mês às pessoas que têm perguntas ou comentários a fazer a respeito deste diálogo. Assim é possível responder a todas sem ter de escrever muitas cartas. Sei que esse pode não ser o melhor modo de me comunicar com vocês, e certamente não é o mais pessoal, mas é o que eu sou capaz de fazer agora, já que não tenho uma secretária ou uma grande equipe, e tampouco esteja tentando chegar a um ponto em que possa ter tudo isso.

Essa carta mensal pode ser obtida no seguinte endereço:

ReCreation
Postal Drawer 3475
Central Point, Oregon 97502

A carta é gratuita, para poder chegar às mãos de todos. Se você puder cobrir os custos, isso ajudará àqueles que não podem.

Fico feliz por você ter podido partilhar este extraordinário diálogo comigo. Desejo-lhe a experiência sublime das maiores bênçãos da vida, e uma consciência de Deus em sua vida que lhe traga paz, alegria e amor todos os dias.

Neale Donald Walsch

Índice

Este livro foi composto em Minion 10,5/15,2
e impresso pela Edigráfica sobre
Offset 63g para a Agir em dezembro de 2011.